U0958930

云南史话

地方系列

云南省社会科学界联合会 组编

德宏史话

李茂琳　董晓梅　编著

云南出版集团
云南人民出版社

图书在版编目（CIP）数据

德宏史话 / 云南省社会科学界联合会组编；李茂琳，董晓梅编著．-- 昆明：云南人民出版社，2017.11（2018.12 重印）
（云南史话．地方系列）
ISBN 978-7-222-16690-5

Ⅰ．①德… Ⅱ．①云… ②李… ③董… Ⅲ．①德宏傣族景颇族自治州 - 地方史 Ⅳ．① K297.43

中国版本图书馆 CIP 数据核字 (2017) 第 286308 号

出 版 人：赵石定
统筹编辑：马维聪
责任编辑：李东华　陈　亚
责任校对：杨金萍　余丽红
责任印制：洪中丽
装帧设计：赵　丹

德宏史话
dehong shihua
云南省社会科学界联合会　组编
李茂琳　董晓梅　编著

出　版　云南出版集团　云南人民出版社
发　行　云南人民出版社
社　址　昆明市环城西路 609 号
邮　编　650034
网　址　http：//ynpress.yunshow.com
E-mail　ynrms@sina.com
开　本　787mm × 1092mm　1/32
印　张　9
字　数　150 千
版　次　2017 年 11 月第 1 版　2018 年 12 月 2 次印刷
印　刷　云南商奥印务有限公司
书　号　ISBN 978-7-222-16690-5
定　价　30.00 元

云南人民出版社公众微信号

如需购买图书、反馈意见，请与我社联系
总编室：0871-64109126　发行部：0871-64108507
审校部：0871-64164626　印制部：0871-64191534

总 序

七彩云南，气象万千。

这里东连黔桂，西邻缅甸，北靠川渝，南望越南、老挝，是祖国大陆通往南亚东南亚、前出印度洋的枢纽和大通道。特殊的地理，悠久的历史，孕育了深厚的底蕴，创造了丰富多彩的灿烂文化，成为中华文化同南亚次大陆文化、东南亚文化交汇区域，是文化交汇、融合、多样性的现代范本。

这里山川纵横。横断山、哀牢山、无量山、云岭、乌蒙山等山系支撑起祖国西南辽阔的天空。这里碧水荡漾。滇池、洱海、抚仙湖、程海、泸沽湖、杞麓湖、异龙湖、星云湖、阳宗海等湖泊，像一颗颗璀璨的明珠，镶嵌在云南高原上。这里江河澎湃。金沙江、澜沧江、怒江、红河、南盘江、伊洛瓦底江等六大水流联通各民族共同的家园。这里是植物王国、动物王国、有色金属王国。这里气候温和、四季犹春，在中国是绝无仅有的宜居宝地。

这里历史悠久。元谋人从170万年前的远古走来。战国中晚期庄蹻入滇，第一次把楚文化与滇文化连接起来。秦开五尺道、汉习楼船，云南正式纳入祖国版图。唐宋时期，南诏、大理国文化唱响西南。元初正式建立行省。明清时期，云南经济社会得到长足发展。20世纪初，云南各族人民打响了护国战争第一枪,开始埋葬封建帝制。在抗日战争中，几十万云南各族儿女征战沙场，扬我国威！西南联合大学谱写了世界教育史上的奇迹。

在这片红土地上，传承着红色文化基因。走出了王复生、王德三等早期马克思主义播火者，走出了无产阶级军事家罗炳辉，《中华人民共和国国歌》的作曲者聂耳，马克思主义大众化的中国第一人、我们党思想理论战线忠诚的战士和学者艾思奇。20世纪30年代，毛泽东率领中国工农红军长征过云南，播下了革命火种。40年代后期，中国共产党领导下的滇桂黔边纵队与中国人民解放军，在极端艰难困苦的条件下英勇作战，迎来了新中国的诞生！

这一切，催生了一系列独具特色的历史文化：有史前文化、古滇文化、哀牢文化、爨文化、南诏文化、移民文化、护国文化、抗战文化、西南联大文化、红色文化。

这里是民族文化的富聚区，民族文化多样性的活态博物馆。26个民族中16个独有民族，15个民族跨境而居。民族文化丰富多彩、博大精深、底蕴深厚、特色鲜明。如彝族的毕摩文化、藏传南传佛教文化、傣族的贝叶文化、纳西族的东巴文化、哈尼族的梯田文化，等等，还有各种各具特色的丧葬、婚姻、服饰、建筑、节日、歌舞、生态等文化形态。此外还有各民族长期以来相互交融、相互学习、共同发展而产生的综合性文化，如茶文化、医药文化、烟草文化、驿道文化、青铜文化、石刻文化等，异彩纷呈，不胜枚举。

云南各民族优秀文化是中华文化的重要组成部分，是中华文化的瑰宝，是中华民族文化大花园中的奇葩！在长期的历史发展中，在红土高原上，形成独具特色的历史文化、地域文化、民族文化，其突出特点是多样形态、多元一体、和谐共生。各种文化，相互交融。佛教文化、基督教文化和伊斯兰文化并存（即使在同一宗教内，不同派别也和睦相处，如同为佛教，藏传佛教、南传上座部佛教和汉传佛教，亲密无间）、儒释道文化并存、原生态文化与现代文化并存、多民族文化并存。

在经济全球化、文化经济化、经济文化一体化的今天，文化既是社会生活方式，更是一种社会生产力，是各民族共同的精神家园。

“观乎天文，以察时变；观乎人文，以化成天下”（《易经－贲卦》）。习近平总书记指出：“要始终坚持道路自信、理论自信、制度自信，最根本的还有一个文化自信。”党的十九大报告提出：“要坚定文化自信，推动社会主义文化繁荣兴盛。”“没有高度的文化自信，没有文化的繁荣兴盛，就没有中华民族伟大复兴。要坚持中国特色社会主义文化发展道路，激发全民族文化创新创造能力，建设社会主义文化强国。”这是党中央赋予我们这一代哲学社会科学工作者的历史使命！承担起新时代这一历史使命，必须在新的实践基础上，用中国特色社会主义文化引领，推动文化的创新发展。必须深入挖掘传统文化资源，从中吸取历史智慧，引导云南各族人民树立正确的历史观、民族观、国家观、文化观，推动文化创造性转化。还必须为各族人民提供丰富的精神食粮，不断满足人民过上美好文化生活的新期待。

古人云：“虑不远不足以图大功，功不大不足以传永世”。云南省社科联为贯彻落实党的十九大精神，为传承、弘扬云南优秀传统文化，坚定各族干部群众文化自信，决定组织全省有关专家学者编辑出版“云南史话”系列丛书，分别为地方系列、民族系列、特色县市系列、民族文化艺术系列、重大历史事件系列五部分，每套丛书出版20种，共计100种。这是一项规模宏大的系统工程，计划用五年时间完成。通过本套丛书，我们将深入挖掘云南文化宝贵资源，认真梳理云南文化发展脉络，总结云南文化发展的特点及其规律，以期为增强文化自觉，坚定文化自信，牢记习近平总书记对云南人民的嘱托，闯出一条跨越式发展的路子，为努力成为民族团结示范区、生态文明建设排头兵、面向南亚东南亚辐射中心，谱写好中国梦的云南新篇章而奋斗！

是为序。

云南省社科联党组书记、主席　张瑞才

2017年10月

序

德宏傣族景颇族自治州是全国30个、云南省8个少数民族自治州之一，地处祖国西南边陲，辖三县两市：中国咖啡之乡——州府芒市、葫芦丝之乡——梁河、中华翡翠毛料城——盈江、目瑙纵歌之乡——陇川、东方珠宝城——瑞丽，土地总面积11526km²。古老的德宏是大象和孔雀出没的地方，被世人称为“孔雀之乡”。这里地理环境独特、自然风光旖旎、历史文化悠久，是传说中的“达光王国”“果占壁王国”故土，是西汉“掸国”“滇越乘象国”和东汉“哀牢国”的故地，是古南方陆上丝绸之路“蜀身毒道”必经之地，是祖国走向南亚和东南亚乃至欧洲、北非的陆路通道。这里曾发生过震惊国内外的“元朝征缅甸”“明三征麓川”“清朝中缅战争”“马嘉理事件”“刀安仁抗英”“辛亥腾越起义”，是第二次世界大战亚洲战场上的“滇西缅北主战场”。中华人民共和国成立后，德宏是最活跃的中缅边境贸易市场、改革开放以来的沿边开放前沿和窗口、瑞丽国家重点开发开放试验区和“孟中印缅经济走廊”先行先试区。著名作家艾芜、王小波分别在他们的代表作《南行记》和《黄金时代》等作品中，以独特的方式讲述了精彩的德宏故事。著名音乐家施光南和杨非，通过他们的名曲《月光下的凤尾竹》《有一个美丽的地方》，将德宏秀丽的自然美景与浓郁的民族文化融为一体、提炼谱就了一首首旋律动听的歌曲，传唱不衰。德宏山川壮丽，资源丰富，气候宜人，是一个美丽、神奇、富饶的地方，是镶嵌在祖国西南边陲的一颗璀璨明珠。

“云南史话系列丛书《德宏史话》”是21世纪以来，适应国家与区域发展，进一步认识国情、省情、州市情，经立项而编辑出版的百科全书式类书。全书在荟萃以往汉文史籍资料与地志考释掌故的基础上，收集整理了今人的研究成果，将精辟的观点与考辩的论证融入书中。《德宏史话》由“序”“自然地理概览”“德宏傣族景颇族自治州的历史沿革”“史海钩沉”“特色民族文化”“人文自然景观”“新时期的建设与发展”等共6章24节构成，约13万字。

德宏具有的特殊地理区位、战略地位、自然环境、民族文化和优惠政策，使德宏在新一轮改革开放中占尽天时地利人和，成为最具发展潜力的地方，是民族团结的大家园、民族文化的大观园、人类生活的美好家园。在多重优惠政策叠加的契机下，德宏州委、州政府经充分论证，确立了新的发展战略，围绕建设“沿边特区、开放前沿、美丽德宏”总目标，全面提升沿边开发开放水平，打造瑞丽国家重点开发开放试验区建设升级版，努力把德宏建设成为面向南亚东南亚辐射中心的关键节点。目前，全州上下正紧紧围绕习近平总书记倡议的“一带一路”美好愿景与行动，全面深化改革开放，立足中缅边境口岸集群优势，着眼南亚和东南亚，实施走出去战略，全力构筑和书写中国梦七彩云南美丽德宏新篇章。

“云南史话系列丛书”是云南省社会科学联合会立项的重点图书出版规划项目，由德宏州社会科学界联合会组织撰写的《德宏史话》是参编人员集体辛勤工作的结果。它能发挥其“存史、资政和教化”的功能，对新时期研究德宏、宣传德宏、建设德宏、发展德宏将起到积极的作用。

杨五青

2016年12月

目　录

一、自然地理概览

（一）自然地理环境

德宏主要受印度洋季风影响，属南亚热带季风气候。日照长，霜期短，夏无酷暑，冬无严寒，雨量充沛，无涝无旱，四季如春，山清水秀。特殊的地形地貌形成了多样的气候，适合多种水果、干果的种植。上百种水果交替开花结果，一年四季几乎天天都有当地生产的鲜果上市。所以人们称德宏是“热区宝地”“天然温室”“生物宝库”“植物基因库”“孔雀之乡”“鱼米之乡”“香料王国”。

1. 地理位置

孔雀之乡德宏坐落于祖国的西南边陲，是一个神奇美丽的地方。“德宏”是傣语的音译，“德”为下面，“宏”为怒江，意思是“怒江下游的地方”。德宏傣族景颇族自治州位于东经97°

31′—98°43′、北纬23°50′—25°20′之间，是全国30个、云南省8个少数民族自治州之一。东和东北面与保山市的龙陵、腾冲相邻，南、西和西北三面与缅甸联邦共和国接壤，故德宏历史上所属的潞西县（今芒市）、陇川县、盈江县、梁河县、瑞丽县（今瑞丽市）等5个县级单位又被当地人俗称为“外五县”。全州除梁河县外其他县市都有国境线，国境线长达503.8千米。全州东西最大横距为122千米，南北最大纵距为170千米，陆距省会城市昆明629.7千米，空距466千米。总面积有11526平方千米，州府驻地芒市，市镇规划面积为14平方千米。

德宏地处云贵高原西部横断山脉的南延部分，高黎贡山的西部山脉延伸入德宏境内形成东北高而陡峻、西南低而宽缓的切割山原地貌。全州海拔最高点在盈江北部大娘山，为3404.6米，海拔最低点也在盈江的西部那邦坝的羯羊河谷，海拔仅有210米，全州一般海拔在800—2100米，州府芒市海拔为920米。地表景观由“三山”（大娘山、打鹰山、高黎贡山尾部山脉）、“三江”（怒江、大盈江、瑞丽江）和“四河”（芒市河、南畹河、户撒河、芒东河）和大小不等的28个河谷盆地（坝子）构成，河谷盆地面积占全州土地面积的17.1%，其中面积在10万亩以上的坝子（云南人将四面环山的小平原俗称“坝子”）有盈江坝、陇川坝、芒市坝、瑞丽坝、遮放坝。

2. **地貌特征**

按海拔高度，德宏的地貌依东北高，西南低的地势，可分为7类地带：

（一）海拔2700—3400米，其面积占全州土地面积的0.22%。其特点是地势陡峭，多呈“V型谷”，跌水瀑布发育，山势陡峭，森林茂密；冬有积雪，夏秋雨多雾浓，气候寒冷，无人居住。

（二）海拔2200—2700米，其面积占全州土地面积的5.64%。其特点是山顶浑圆，谷坡在20—30度，森林较多，局部已经开发为轮歇地，林间草场可发展畜牧业。

（三）海拔1800—2200米，其面积占全州土地面积的16.52%。此类地带多为州内江河支流源头，次生林多，陡坡垦殖也多。

（四）海拔1600—1800米，其面积占全州土地面积的44.1%。谷坡一般在15—30度，相对高度一般在 100—500 米之间。由于植被稀少，垦殖较多，导致冲沟较多，是州内水土流失严重的地带。此外，该地带是旱粮、旱地甘蔗、茶叶、苹果、八角及亚热带水果的主产地。

（五）海拔 950—1100 米，其面积占全州土地面积的 15.25%。其谷坡一般在 10—20 度之间，植被多为灌木、草地，冲沟切割较多，水土流失严重。此类型属州内低热层地带之一，是橡胶等热带经济林木与热带水果的主产地。

（六）海拔 600—950 米，其面积占全州土地面积的 17.92%，其中耕地面积占全州总耕地面积 57.03%。

（七）海拔 210—600 米，其面积占全州土地面积的 0.39%，属热带河谷季雨林地带。未垦地多为热带原始森林和荒草坡地，其植物种类繁多，是天然的热带动植物园。

德宏独特的气候为多种作物提供了良好的生长和越冬条件。

在德宏傣族景颇族自治州错综复杂的山峦河谷中，散布着 28 个大小不等的河谷盆地，其面积占全州土地面积的 17.1%。其中：10 万亩以上的坝子有 5 个，即盈江坝（55.23 万亩）、陇川坝（29.72 万亩）、芒市坝（21.44 万亩）、瑞丽坝（20.42 万亩）、遮放坝（11.82 万亩），其面积约占全州土地面积的 14.32%；1—6 万亩的坝子 10 个，即罗卜坝（57210 亩）、户撒坝（48600 亩）、南甸坝（45165 亩）、勐养坝（43950 亩）、轩岗坝（40890 亩）、盏西坝（40320 亩）、勐典勐弄坝（20340 亩）、支那坝（13680 亩）、昔马坝（13620 亩）、苏典勐戛坝（10920 亩），其面积约占全州土地面积 2.33%；万亩以下的坝子 13 个，即南面坝（8700 亩）、畹町坝（8010 亩）、芒海坝（5250 亩）、潞西腰刀坝（4230 亩）、勐来坝（3300 亩）、那邦坝（2550 亩）、买桑坝（2010 亩）、南俄坝（1980 亩）、陇川腰刀坝（1230 亩）、戛独坝、芒市轩岗坝、南多坝、芒捧坝，其面积约占全州土地面积的 0.43%。这些坝子多系河流冲积的河谷平原或陆盆型山间盆地，绝大多数处于海拔 1300 米以下地带，主要坝区平均气温 18.3—20℃。它们是德宏的主要粮蔗产地，也是城镇的主要分布地区。

3. 环境资源

(1) 特殊的自然环境

德宏属南亚热带气候，平均海拔 800—1300 米，年均气温 18.4—20.3℃，年降雨量 1436—1709 毫米，年日照时间 2281—2453 小时。冬无严寒、夏无酷暑，花开四季、果结终年，素有“植物王国”“物种基因库”之美称。全州森林覆盖率达 67.1%，远远高于全国全省平均水平，是发展生物特色产业、走低碳经济之路最具优势的地方之一。德宏境内主要有怒江、伊洛瓦底江两大水系，江河湖泊和地热资源极其丰富，水资源总量 218 亿立方米，水能蕴藏量 360 多万千瓦。全州共有 70 余个湖泊、70 多个地热温泉，发展休闲养生产业独具优势。优越的光热水土气，为发展生物特色产业提供了得天独厚的条件，德宏成为中国小粒咖啡、柠檬、坚果、橡胶、香料烟、优质大米的重要生产基地。

(2) 独殊的气候资源

德宏气候资源得天独厚，地处低纬度高原，太阳辐射量大，是全国的光照高质区之一。全州紧靠北回归线附近，受印度洋西南季风影响，属于典型的南亚热带季风气候，东北面的高黎贡山挡住西伯利亚南下的干冷气流入境，入夏有印度洋的暖湿气流沿西南倾斜的山地迎风坡上升，形成丰沛的自然降水，加之低纬度高原地带太阳入射角度大，空气透明度好，是全国的光照高质区之一。全年太阳辐射在 137—143 卡/厘米，年降雨量 1400—1700 毫米之间，5—10 月降雨量占全年降雨量的 88%—90%，其中 7 月是全年降雨高峰月，11 月至次年 4 月，降雨量较少，仅占年降雨量的 10%—20%，冬、春旱较突出。年平均气温在 18.4—20℃，年均气温 18.4—20.3℃，最热月（6 月）平均气温 22.8—24.3℃，年最冷月（1 月）平均气温 10.9—12.5℃，年日照 2281—2453 小时，年积温 6400—7300℃，年陆地蒸发量在 1400—1900 毫米之间，干旱指数在 0.4—1.2 之间。德宏属南亚热带季风气候，平均海拔 800—1500 米，年均降雨量 1436—1709 毫米，自然形成冬无严寒，夏无酷暑，雨量充沛，雨热同期，干冷同季，年温差小，日温差大，霜期短、霜日少的特点，这里花开四季，山川秀丽。当北方千里冰封时，这里依然满目苍翠，当祖国大地夏日炎炎时，这里刚好温暖宜人。

州内有4种气候带：一、北热带气候，年积温8000℃左右，年降雨量2655.5毫米；二、南亚热带气候，年积温5980—7409℃之间，年降雨量1547—1717毫米；三、中亚热带气候，年积温4641—6102℃，年降雨量1775—2080毫米；四、北亚热带及其他气候，一般年均温小于15℃，年积温小于5000℃。德宏气候的主要特点是：四季不明显，春温高，夏季长，秋多雨，冬极短，雨热同期。德宏优越的气候条件，为德宏州农、林、牧发展提供了良好的条件，具有极大的发展潜力。

(3) 水文资源丰富

德宏傣族景颇族自治州主要有“三江四河”。“三江”即大盈江、瑞丽江（陇川江）、怒江；“四河”即芒市河、南碗河、户撒河、芒东河（萝卜坝河）。大盈江和瑞丽江属伊洛瓦底江水系，四河皆为其支流。怒江干流从芒市东南角擦境而过，属萨尔温江水系。

大盈江：在德宏境内流长114.6千米，流域面积3546.8平方千米，上游分为槟榔江和南底河两支。大盈江南流20余千米后，至37号中缅界桩处出境，流入缅甸伊洛瓦底江。

瑞丽江：在德宏境内流长 112 千米，流域面积 5576.3 平方千米。至瑞丽市弄岛乡附近出境，流入伊洛瓦底江。

怒江：在德宏境内流长 13.7 千米，流域面积 570 平方千米。至芒市中山乡小街丫口以南曼辛河的汇合处出境，进入缅甸后改称萨尔温江。

芒市河：发源于龙陵县荆竹坪乡和潞西市象滚塘乡诸山溪，至木康以下进入芒市坝，至遮放坝尾南蚌汇入瑞丽江。河长 102.1 千米，流域面积 1830.5 平方千米。

南碗河：发源于陇川县清平乡野油坝和蕨叶坝诸山溪，进入陇川坝即称南碗河，至等嘎寨沿国境线经瑞丽坝西南 55 号中缅界牌处汇入瑞丽江。河长 65.7 千米，流域面积 1426.3 平方千米。

户撒河：发源于陇川县户撒乡诸山溪，贯穿户撒坝，至虎跳石汇入大盈江。河长 38.5 千米，流域面积 273.6 平方千米。

芒东河：发源于梁河县杞木寨水箐山，贯穿芒东坝（萝卜坝），至坝尾汇入龙江。河长 38 千米，流域面积 514.4 平方千米。

此外，州内还有属大盈江水系的三级支流，即大盈江水系的支那河、芒牙河、永海河、曩宋河、油竹坝河及户宋河，瑞丽江水系的轩岗河、红丘河、三岔河、芒回河、汤涨河、勐戛浪河、南卡河、红那河、南洼河，怒江水系的朗洼河、朗比河、香柏河、晒干河、万马河、芒杏河、勐古河。直接出境的河流有木笼河、勐戛河、勐典河、勐来河等 37 条。总流域面积 11187 平方千米。

德宏州境内江河年平均产水量 136.3 亿立方米，过境水量 81.7 亿立方米。按 2015 年人口计算，人均占有水资源 2.11 万立方米，均高于全省、全国人均占有量。水资源总量 218 亿立方米，地表水大部分未被污染，物理性能良好，符合工农业生产和生活用水要求。目前，德宏的水资源利用率仅占拥有量的 2.3%。全州水能理论蕴藏量 362.4 万千瓦，其中可开发利用量 102.15 万千瓦。2000 年全州水量仅有 46390 万千瓦小时，可见开发潜力极大，尚有许多可开发利用空间。

二、自然资源与风情

1. 动植物资源

(1) 植物资源

德宏森林覆盖率为67.1%，不同的海拔地类形成不同的森林分布带，主要分为：热带森林，占全州森林总面积的5.4%；亚热带森林，面积占57.2%；暖温带森林，面积占36.1%；温带森林：面积占1.3%。德宏这种“一山分四季，十里不同天”的立体气候环境使其动植物资源十分丰富，仅盈江羯羊河谷的季雨林单优娑罗双群落层的热性区系植物就达整个种属的94%种，比西双版纳的82.1%还高，仅国家和省级保护的珍稀植物秃杉、四数木、云南石梓、娑罗双、龙脑香等就有182种之多。

森林分布在不同的气候带：热带、北亚热带季风气候，占全州森林总面积的5.4%，常见的乔木有云南石梓、马蹄果、栲类、红木荷等，坝区分布有番龙眼、菠萝蜜、多头花、重阳木、八宝树、柚木、凤凰木、大榕树等典型的热带树种，典型的森林群落有栲类林、石砾、楠木、木荷、桦木，海拔在900米以下的为亚热带山地苔藓林。

主要植被为龙脑香、阿萨姆娑罗双、柚木、美登木、肉楂、竹类等。在亚热带，主要植被为阔叶林，以红椎、栎类、栲类、木荷、红椿、楠木、柚木、油茶、松树等为主，面积约占57.2%。在暖温带，主要植被为常绿阔叶林、杉木、松树、油茶、核桃等，面积约占36.1%；在温带山地，评分植被为铁杉、高山栎、杜鹃灌木丛等，面积约占1.3%。珍稀保护树种有：属国家一级保护植物的有秃杉、锯叶竹节树、翠柏；属国家二级保护植物的有四数木、董棕滇桐、云南黄连、香果树、云南石梓、鹅掌楸、铁刀木、大树杜鹃、云南娑罗双、野茶树、云南山茶花、鹿角蕨、火桐、滇藏木莲等；属国家三级保护植物的有顶果木、菠萝蜜、盈江龙脑香、瑞丽山龙眼、天料木、滇楠、紫薇、木姜子、厚补、林生杧果、木莲、红椿、铁杉、多果榄仁、苏铁、香樟、云南肉豆蔻、云南七叶树、云南苏铁等。德宏竹类品种繁多，历史上便有“竹乡”美誉。还有普通野生稻、野生甘蔗、胡秃果、西番莲、橄榄、篓瓜、猕猴桃、番石榴等。此外，云南大叶茶群体种遍布全州，德宏小粒咖啡以味香质优享誉世界。这里有多类香梓植物和名贵药材，被誉为药物宝库，是知名的“云药之乡”。

(2) 动物资源

德宏森林资源丰富，有“孔雀之乡”的美称。属国家级和省级保护的珍稀野生动物如绿孔雀、红腿小隼、金丝猴、孟加拉虎、亚洲象、眼镜王蛇等就有1959种之多，是名副其实的“云南野生动植物王国王冠上的明珠”。

据初步调查，现有国家规定的一类保护动物：绿孔雀、孔雀雉、白颊山鹧鸪、红腿小隼、黑颈长尾雉、赤颈鹤、红腹角雉、白尾稍虹雉、冠斑犀鸟、双角犀鸟、蜂猴、叶猴、金丝猴、熊猴、豚尾猴、马来熊、熊狸、黑颈长尾雉、巨晰、长臂猿、云豹、云猫、金钱豹、孟加拉虎、亚洲象、云南野牛、扭角羚等。属国家二级保护动物的有：黑猴、草鹗（猴面鹰）、原鸡、缘斑鸠、竹啄木鸟、大壁虎、穿山甲、太阳鸟、岩羊、水獭、水鹿、麝、蟒、眼镜王蛇、秃鹫等，其中兽类50余种，爬行动物30余种，鸟类近100种。属国家三类保护动物的有：果子狸、啄木鸟、滑鼠蛇、银环蛇、白琵鹭、胡兀鹫、游隼、灰鹤、蛤蚧、娃娃鱼等。省级保护动物有：眼镜王蛇、眼镜蛇、狼、云猫。据不完全调查，仅盈江县便有脊椎动物554种，其中鱼类56种，两栖类22种，爬行类34种，鸟类356种，哺乳动物86种。瑞丽市国家重点开发开放试验区现存野生动物主要有339种，其中兽类52种，爬行动物20种，两栖类8种，鸟类71种，昆虫类163种。

2. 矿产资源

已探明矿产资源有20多种。有色金属矿有锡、铅、锌、铜、钨、铬、镍，黑色金属矿有铁，能源矿产有煤和石油，稀有金属矿产有铍、铀、锗、黏土，特种非金属、建筑材料及其他非金属矿有云母、水晶、宝石、石灰石等。此外，还有10个重砂金测异常带。德宏矿产资源的特点是种类多，储量少，开采少。

3. 其他各类资源

德宏现有山坝土地总面积1728.9万亩，其中已垦植233.2万亩，非农用地122.2万亩，尚有农林牧可利用地1373.3万亩。这些土地分布在3个层次：即海拔210—1400米的面积层，约占总面积的50.34%；海拔1400—2500米的面积层，约占 43.8%；海拔 2500—3400 米的面积层，约占 5.86%，因山高坡陡，气候寒冷，大多尚未开发。

全州共有草场 1088.69 万亩，占土地总面积的 64%，其中山地草场 193.1 万亩，疏林地草场 221.9 万亩，灌木丛草场 81.68 万亩，林间草丛类草场 535.7 万亩，旱谷轮歇地草场 33.67 万亩，农隙地草场 22.64 万亩。因雨量充沛，阳光充足，土质条件好，牧草生长旺盛。通过有选择地人工种植牧草，可进一步开发利用草场资源，促进畜牧业的发展。近年来德宏喂养存栏草食大牲畜已达 20 多万头。

4. 主要特产与风光

(1) 主要特产

德宏主要是高山深谷区。高黎贡山、怒山纵贯境内，大盈江、龙川江等构成较宽的河谷盆地。农产有稻、小麦、玉米、甘薯、花生、甘蔗、茶叶等，并产咖啡、橡胶、紫胶、菠萝、杧果等。有电力、机械、水泥、造纸、制糖、纺织及食品加工等工业。有傣族及景颇族工艺品等民族特产。德宏小米辣、涮涮辣、酸木瓜、西番莲，盈江火烧乳猪、稀豆粉、鹿角蕨、紫糯米，陇川挑手鱼、过手米线、橘子、姐乌茶、王子树青茶、阿昌竹杆烟，瑞丽景颇山竹笋、法坡麻窝楂、土堆鸡棕，梁河桃花浪起花鱼、小锅米酒，芒市牛肉干、撒苤，傣家“毫甩”、泼水粑粑、干腌菜等特色食品享誉省内外。

全州辖三县两市，即：“葫芦丝之乡”梁河县、“中华翡翠毛料城”盈江县、“目瑙纵歌之乡”陇川县、“中国咖啡之乡”州府芒市、“东方珠宝城“瑞丽市，集中体现了德宏丰富的各类资源。“有一个美丽的地方，傣族人民在这里生长。密密的寨子紧紧相连，那瑞丽江水啊碧波荡漾(原作者于21世纪末将弯弯的江水改为瑞丽江水)……”这首半个多世纪以来传唱大江南北的经典名曲，吟唱的就是云南省德宏傣族景颇族自治州。

(2) 主要风光

德宏少数民族以傣族、景颇族为主。到德宏你可以欣赏亚热带风光、南传上座部佛教建筑、傣族风情和品尝傣味食品，还可以参加边境出国游。上山你可以领略景颇族、傈僳族粗犷的民族性格；下到坝子，你又能体味到傣族细腻柔和的风情。独特的地理环境、旖旎的自然风光、悠久的历史、厚重的文化，把德宏构建为一个独具魅力的天然摄影棚。在这里，一切天工巧成。有美丽的瑞丽江、大盈江风光，丰富的地热资源，星罗棋布的温泉，目前已建成国内一流的景成地海温泉旅游度假胜地。徜徉在暖暖的泉水中，看白云飞舞，听鸟儿歌唱，让秀美的大自然洗却尘世的疲惫与烦忧。德宏，是人们修身养性、康体养生的天堂，是最适合人类居住的地方。有保存完整的傣家竹楼、景颇山寨等原生态的民居建筑，有各具神韵的民族歌舞、服饰、餐饮、生活习俗，还有美丽的傣家小卜哨、帅气的景颇小伙，信手拈来，就是天生的影视角色。《孔雀公主》《勐垅沙》《戴手铐的旅客》《太阳滴血》《边寨烽火》《西游记》《金凤花开》《有一个美丽的地方》等数十部影视作品，都在这里拍摄过。国内许许多多的影视大腕都对德宏情有独钟，每年有 10 部电影电视在德宏拍摄。

5. **交通**

德宏州地处我国西南边陲，是面向印度洋的主要陆路出口。在中国的交通规划中，中国的出海大通道建设，即中缅陆水联运大通道，泛亚铁路、中缅油气管道建设，德宏是其重要的组成部分之一。

（1）航空

德宏州境内的芒市建有飞机场，距市区 6.5 千米，现已开通到北京、广州、成都的直达航班。曾开通芒市至缅甸曼德勒的包机，未来芒市机场将建设成为直飞南亚与东南亚中心城市与港口城市的国际机场。

（2）公路

中国东西向的 320 国道从芒市双坡进入德宏境内，经芒市、风平、三台山、遮放、畹町直达瑞丽姐告，并建有至瑞丽弄岛的连接线。高速公路杭瑞高速德宏段已投入使用，德宏州内各县市之间已经实现完全二级路面互连的县际公路网络。

（3）铁路

大瑞铁路经大理、保山直达瑞丽，未来将直接连通缅甸印度洋出海口，国内与国外段已开工，在建设中。大瑞铁路按国铁Ⅰ级单线、电气化铁路标准修建，设计运输能力为客车 12 对/日，货运 1200 万吨/年。

（4）口岸

云南省有 11 个国家一类口岸、10 个省级口岸，其中德宏傣族景颇族自治州拥有2个国家一类口岸（畹町口岸和瑞丽口岸）、2个省级口岸（陇川章凤口岸和盈江小平原口岸）。德宏口岸不仅是中国对缅贸易的主要口岸，也是通往东南亚和南亚的重要陆路口岸。

6. 民族

截至2016年底全州人口共有129.40万人，其中傣族有36.81万人，景颇族有14.11万人，德昂族有1.52万人，傈僳族有3.34万人，阿昌族有3.21万人，佤族有0.09万人，汉族有51.53万人，少数民族人口占全州总人口的比例为52%。德宏州境内有彝族、白族、傣族、壮族、苗族、回族、傈僳族、拉祜族、佤族、纳西族、瑶族、藏族、景颇族、布朗族、布依族、阿昌族、哈尼族、锡伯族、普米族、蒙古族、怒族、基诺族、德昂族、水族、满族、独龙族等民族分布。

二、德宏傣族景颇族自治州的历史沿革

（一）中华人民共和成立前建置沿革

“德宏”是傣语的音译，“德”为下面，“宏”为怒江，意思是“怒江下游的地方”。根据德宏考古证实，早在新石器时代，德宏地区就有人类居住。到公元前364年，傣族先民就在今瑞丽江流域建立了勐果占壁王国（傣语称“勐卯弄”）。公元前4世纪，德宏就成为中国历史上最早通往缅甸、印度、巴基斯坦、阿富汗等国陆路商贸交通线“蜀身毒道”的必经之地，东汉时期德宏属永昌郡哀牢（今盈江县），唐代德宏属南诏国地方政权永昌节度和丽水节度，宋代属云南地方政权大理国永昌、腾越金齿部地，到元代朝廷进一步加强对边远地区的管辖，在德宏设置茫施路（今芒市）、镇西路（今盈江）、平缅路（今陇川)、麓川路(今瑞丽)四路及南甸军民府(今梁河),隶属金齿宣抚司六路军民总管府,明代时期德宏与祖国内地关系进一步密切,明朝廷在德宏建立土司制度,设立了南甸、干崖、陇川宣抚司和盏达(原莲山)、遮放副宣抚司,芒市、勐卯(瑞丽)安抚司,隶属永昌府腾越州。清沿明制增设了腊撒、户撒(今陇川户撒)2个长官司和勐板(今芒市边境中方一侧勐戛、法帕)土千总,隶属龙陵厅管辖,使德宏一带有10个土司。土司职位世袭相传,实行封建领主制度,自明代1382年以来,到1956年民主改革彻底废止,德宏土司制度经历了574年之久,是云南省土司制度延续最长的地区。

1. 先秦时期

公元前425年,就有关于傣族部落战争的记述,傣族先民在今伊洛瓦底江的达光古渡建立达光王国(又译“哀牢国”或“乘象国”)。周威烈王二年(前424年)前后在今瑞丽江河谷建立勐果占壁王国(傣语称勐卯弄),建雷允城,遗址尚存。约公元前4世纪,中国历史上最早的一条国际陆路交通线“蜀身毒道”已开通,中印贸易便已开始，德宏即为西南丝路的必经之地。

2. **两汉时期**

西汉公元前 122 年，张骞出使西域探寻到的“滇越乘象国”，即指今德宏和缅甸北部的部分地区。公元前 109 年，汉武帝开西南夷，征服达光王国东面的滇国（云南中东部）及嶲、昆明等部（云南中西部、四川西南部），占领达光王国东部的领土，促使很多傣族先民越过怒江和澜沧江向西迁徙，德宏得到进一步的开发，但其疆域被划属益州郡哀牢地。

东汉公元 47 年，达光王贤栗率达光军民归附汉朝，达光王国成为汉朝的附属国。东汉永平十二年（69 年），哀牢王柳貌率部归汉，东汉王朝建博南（今永平）与哀牢县（今德宏州及保山市的腾冲县、龙陵县、隆阳区潞江坝）辖怒江下游地区（即后来的腾越之地），哀牢县治在龙口镇（今盈江旧城）（《辞海》记治所在今云南盈江东，或谓在今保山市东，误，东晋成帝时废），与益州郡西部边境的 6 县（嶲唐、不韦、叶榆、邪龙、云南、比苏）合设永昌郡，哀牢县泛指今腾冲、龙陵与德宏一带，属永昌郡地。汉朝将已占领并划入益州郡的达光东部领土划出，加上尚未占领的达光领土设置永昌郡，归达光王及永昌郡守共同治理。公元 77 年，哀牢国因类牢反汉失败，统治中心开始转移到怒江以西的伊洛瓦底江上游地区，成为怒江以西、伊洛瓦底江上游地区各部族的盟主，傣文史籍将这一军事民主制国家称为后达光王国，即汉文史籍所称之“掸国”。“掸国”，傣史仍称“达光王国”。德宏成为达光（掸）王国的一部分。掸国与南部的骠国开始发生冲突，骠国不断对掸国进行侵扰。东北有强大的汉帝国，南面有骠国侵扰，受到两面夹击的掸国，选择了向更加强大的汉帝国靠拢。《后汉书·南蛮·西南夷列传》第七十六记载：永初元年（107 年），徼外焦侥种夷陆类等三千余口举种内附，献象牙、水牛、封牛。永宁元年（120 年），掸国王雍由调复遣使者诣阙朝贺，献乐及幻人，能变化吐火，自支解，易牛马头。又善跳丸，数乃至千。自言我海西人。海西即大秦也，掸国西南通大秦。明年元会，安帝作乐于庭，封雍由调为汉大都尉，相当于郡一级的行政长官，赐印绶、金银、彩缯各有差。据《后汉书·西南夷传》记载掸国入使东汉有3次：一次是公元97年，掸国国王雍由调派遣使臣经永昌到洛阳出使东汉帝国，赠送掸国出产的珍宝，汉和帝刘肇回赠了金印和紫绶带，同去的部落头人也得到汉和帝赠予的印、绶和钱帛。一次是公元120年，雍由调又派遣使臣及庞大的杂技团出使汉帝国。第三次是公元131年，雍由调再次派遣使团经日南郡（今越南西北部）出使汉帝国，并向汉帝国赠送了掸国的大象。

3. 蜀汉时期

三国蜀汉前期属永昌郡，诸葛亮平定南中后，为进一步稳定和发展南中，曾采取一系列的措施和政策，首先使南中地区进一步郡县化，即改四郡一属国（越嶲、益州、永昌、牂柯四郡和犍为属国）为七郡，从越嶲、永昌两郡中划出遂久（今丽江）、姑复（今永胜）、蜻蛉（今大姚）三县和叶榆（今大理）、邪龙（今巍山）外，仍保留原永昌郡建置，德宏地区仍属永昌郡辖区。

4. 两晋南北朝时期

从泰始原年（2 65年）的西晋，历经东晋、南北朝，云南从益州统领七郡至分设宁州，成汉据南中，到益州、宁州再次归东晋、南朝刘宋政权兴替，而东晋、萧齐、西魏、北周，这 200 年间，云南政权几番更迭，但总体归属一沿旧制，两晋属宁州永昌郡。南朝属宁州永昌郡西城县（今盈江县）。北朝北周至隋属濮部。到后期德宏境内的傣族头人混鲁、混赖兄弟于公元 576 年在丽江河谷地区，趁原达光（掸）王国衰落之机和中原王朝管理松弛，在勐卯（德宏瑞丽）称王，建立“果占壁王国”（即前果占壁），德宏成为前果占壁王国的统治中心。

5. 唐宋时期

唐初属金齿部，今芒市为茫施部。唐南诏国属永昌节度（云南保山）和丽水节度（缅甸克钦邦）辖地，境内有茫施（今芒市）、押西城（今盈江、梁河）等地。公元 762 年，在洱海建立的南诏（蒙舍）王国占领果占壁首都勐卯，境内的德宏傣族地区，历经 195 年的前果占壁政权被南诏颠覆，当地傣族青年混等被南诏王招为驸马并册封勐卯王。公元 954 年，前果占壁王族在勐兴威（缅甸兴威）恢复果占壁王国（即后果占壁）。公元 1176 年，后果占壁王国在勐卯（德宏瑞丽）修建陪都“允外遮”，与勐兴威的首都“允线遮”

遥相呼应。德宏成为后果占壁王国的重要组成部分。宋大理国时期，德宏分属腾冲府、永昌府。其中骠睒（今陇川）、布忙甸（今瑞丽）、干崖睒（今盈江）、南睒（今梁河）属腾冲府，怒谋甸（今潞西）属永昌府。

6. **元明时期**

元代，公元1254年，蒙古大军征服南诏王国后，越过澜沧江进入果占壁王国，果占壁各部或逃亡，或归顺。今德宏州分属茫施路（今芒市）、镇西路（今盈江）、平缅路（今陇川）、麓川路（今瑞丽）、南赕（今盈江盏西）及南甸军民府（今梁河），隶属金齿宣慰司六路军民总管府。元初置大理等处宣抚司。中统二年（1261年），果占壁各部合派八位使臣赴北京朝觐忽必烈，元朝改果占壁为“金齿”，置金齿等处安抚司。至元八年（1271年）分置东路、西路二安抚司。至元十二年（1275年）改置镇康路（今永德及镇康）、建宁路二安抚司。至元十三年（1276年），升级为金齿宣抚司，立金齿六路总管府于永昌（保山隆阳），置茫施路（芒市），属镇康茫施柔远宣抚司。置镇西路（盈江）、平缅路（梁河南部及陇川北部)、麓川路（瑞丽及陇川)，属镇西平缅麓川宣抚司；至元十五年（1278 年)，南赕（梁河）属镇西平缅麓川宣抚司，后又增设南甸军民府（梁河)。至元十六年（1279 年）置南甸军民府，属镇西平缅麓川宣抚司。至元二十三年（1286 年)，镇西平缅麓川等路、镇康茫施柔远等路二宣抚司合并设置大理金齿等处宣抚司，驻永昌府。至元二十六年（1289 年）南甸军民府升南甸路军民府。1287 年，意大利著名旅行家马可·波罗随元军南下，途经德宏地区，他在后来游记中详细记载了德宏见闻。至元二十八年（1291 年)，大理金齿等处宣抚司改置大理金齿等处宣慰司都元帅府。公元 1312 年，麓川路总管混依翰罕宣布脱离元朝金齿宣抚司，在勐卯（德宏瑞丽）称王，以猛虎曾跃过头顶而自号“思汉法”，建立“麓川王国”。思汉法通过武力和招抚统一了大多数傣族地区，麓川王国的疆域西到布拉马普特拉河流域（今印度阿萨姆)、东到红河流域（云南元江)、北抵青藏高原边缘（缅甸克钦邦)、南到湄南河上游（泰国清迈)。德宏境内有勐卯、勐宛、勐腊、勐盏西、勐底、勐养、勐焕、勐遮放等 8

个麓川王国勐级行政区，德宏成为麓川王国的统治中心，俨然为一地方割据政权。公元 1397 年，为了有效地制止麓川地方贵族的割据纷争，派沐春为征南大将军率领军队直入麓川，仍立思伦法为麓川宣慰使，但缩小了他的领地范围，只让他管理瑞丽及陇川地区。其他地方分设孟养（今缅甸克钦邦）、木邦（今缅甸北掸邦）、孟定三府，直属云南承宣布政使司，另设潞江（今保山西潞江坝）、干崖（今盈江）、大侯（今云县）、湾甸（今昌宁县西南）四长官司，隶属于金齿卫。叛服无常的麓川继 1383 年叛乱至 1385 年攻占景东，又联络滇东北东川、芒部等地彝族农奴发动"定边之战"，及至 1413 年麓川思行发再度发动叛乱侵占靠内地区的七地，威胁了明王朝统治。公元 1441 年起，明朝 3 次（1441 年、1443 年、1448 年）发兵麓川，数十万明朝将士经过 9 年时间将麓川政权逼到孟养（今缅甸克钦邦），麓川政权在孟养养精蓄锐后南下兼并了阿瓦王国（缅甸中部），直至 1604 年，被缅族的东吁王国灭亡。明朝在占领的麓川王国领土上分封傣族土司，在今德宏境内先后设置南甸宣抚司（梁河）、干崖宣抚司（盈江东半部分）、陇川宣抚司（陇川）、盏达副宣抚司（盈江西半部分）、遮放副宣抚司（芒市遮放）、芒市安抚司（芒市）、勐卯安抚司（瑞丽）等7个傣族土司管理区，隶属永昌府腾越州。

7. 清朝时期

公元1659年，降清的明将吴三桂进驻云南，德宏各傣族土司归附清朝。清朝沿用明朝体制统治德宏，保留德宏境内的傣族土司管理制度，设干崖宣抚司（下辖盏达副宣抚司）、陇川宣抚司（下辖遮放副宣抚司）、南甸宣抚司、蛮莫安抚司、芒市安抚司，直属云南省；户撒、腊撒长官司属永昌府。顺治十六年（1659年），蛮莫安抚司改为勐卯安抚司，划归永昌府。顺治十七年（1660年），干崖宣抚司（下辖盏达副宣抚司）、陇川宣抚司（下辖遮放副宣抚司）、南甸宣抚司、芒市安抚司划归永昌府。雍正二年（1724年）裁户撒、腊撒二长官司。雍正八年（1730年）7月，永昌府属迤西道。乾隆三十五年（1770年）复置户撒、腊撒二长官司（今陇川县户撒乡）。乾隆三十六年（1771年）永昌府同知移驻龙陵后，将芒市、遮放改隶属龙陵厅。嘉庆二十五年（1820 年）10 月，升永昌府属腾越州为腾越直隶厅，将南甸、干崖、盏达（副）、陇川、遮放（副）五宣抚司及勐卯、芒市二安抚司，户撒、腊撒二长官司划归腾越厅。道光二年（1822 年）9 月，降腾越直隶厅为散厅，复属永昌府。光绪二十五年（1899 年）中英划定中缅边界后增设勐板土千总（今芒市芒牛坝一带）。整个清代德宏分属云南行省腾越厅和龙陵厅，即南甸宣抚司、干崖宣抚司、陇川宣抚司、盏达副宣抚司、勐卯安抚司、户撒长官司（乾隆时由陇川分出）、腊撒长官司（乾隆时由陇川分出）隶属腾越厅，芒市安抚司、遮放安抚司、勐板土千总（光绪时由芒市分出）隶属龙陵厅。

8. 民国时期

1911 年 10 月 27 日，盈江土司刀安仁、张文光（均为同盟会员）领导“腾越起义”，推翻清政府在腾越边地的统治，宣告成立“滇西军都督府”。民国二年（1913 年），陇川宣抚司改为陇川弹压委员，兼辖户撒、腊撒二长官司；勐卯安抚司和遮放副宣抚司合并为遮卯弹压委员；干崖宣抚司改为干崖弹压委员；盏达副宣抚司改为盏达弹压委员；芒市安抚司和勐板土千总合并为芒板弹压委员。南甸划入腾冲县，设县丞管理。1913年，云南军政府改府厅置道，改“滇西军都督府”为“滇西道”，后又改为“腾越道”，管辖滇西29县及10行政区（原土司管理区），行政区行政委员（弹压委员）由原世袭土司担任。德宏境内有南甸行政区（梁河）、干崖（盈江东）行政区、盏达（盈江西）行政区、陇川行政区、芒遮板（芒市）行政区、勐卯（瑞丽）行政区，均隶属腾越道（滇西道），仍设弹压委员。民国四年（1915年），勐卯司地改为勐卯行政委员；芒板弹压委员并入遮放司地改为芒遮板行政委员，驻勐嘎。民国五年（1916年），亦说1917年，改弹压委员为行政委员，设立政区，陇川弹压委员改为陇川行政委员，旱季驻章凤，雨季驻杉木笼；腊撒长官司并入勐卯行政委员；户撒长官司并入干崖弹压委员，改为干崖行政委员；盏达弹压委员改为盏达行政委员；南甸改置八撮县佐，属腾冲县。干崖、盏达、陇川、勐卯、芒遮板行政区均属腾越道。1927年废腾越道，隶属云南省第一殖边督办。民国十八年（1929年），民国中央政府通令，实行省县两级制，废除道制，但在云南成立第一、第二殖边督办公署管理边境地区事务。德宏境内的南甸行政区、干崖行政区、盏达行政区、陇川行政区、芒遮板行政区、勐卯行政区，均隶属第一殖边督办公署。民国二十一年（1932年），陇川行政委员改为陇川设治局；勐卯行政委员改为瑞丽设治局；干崖行政委员改为盈江设治局；盏达行政委员改为莲山设治局。1935年6月批准芒遮板行政委员改为芒遮板设治局，为准县级，仍属殖边督办。

民国二十三年（1934年），芒遮板设治局改为潞西设治局。民国二十四年（1935年）6月，由腾冲县属南甸土司（八撮县佐）地析置梁河设治局，局所设于大厂街。陇川、瑞丽、盈江、莲山、潞西、梁河设治局均属云南省第一殖边督办公署。1938年，废云南省第一殖边督办公署，改设腾龙边区行政督察区，陇川、瑞丽、盈江、莲山、潞西、梁河设治局属之。1940年，民国废殖边督办公署，德宏6个设治局改属腾龙边区行政监督署。

民国三十一年（1942年），梁河、盈江、莲山、陇川、潞西、瑞丽设治局属云南省第六行政督察区（驻腾冲县，1943 年移驻保山）。同年 5 月，日军入侵，德宏沦陷。1945 年 1 月 20 日国土光复后，仍置设治局，先后隶属云南省第六区（保山）及第十二区（腾冲）行政督察专员公署。民国三十七年（1948 年），梁河、盈江、莲山、陇川、潞西、瑞丽设治局属云南省第十二行政督察区（驻腾冲县）。民国三十八年（1949 年）7 月，潞西设治局改为县治，县府设在芒市，由于地理及历史原因，土司的基层政权仍未变。

（二）中华人民共和成立后建置沿革

1950 年 4 月 21 日中国人民解放军西进部队进驻潞西，德宏和平解放。军政代表团接管设治局，建立潞西设治局和瑞丽、陇川、盈江、莲山、梁河 5 个各民族行政委员会，隶属保山专区。1952 年 11 月 21 日政务院批准：撤销潞西设治局，设立潞西县；撤销梁河设治区，设立梁河县傣族景颇族自治区；撤销盈江设治区，设立盈江县；撤销瑞丽设治局，设立瑞丽县；撤销莲山设治区，设立莲山县；撤销陇川设治区，设立陇川县（1951 年 12 月 21 日成立）。同年 12 月 6 日，政务院批准：潞西县的畹町镇改由保山专区直接领导（1954 年成立）。1953 年 7 月 23 日，成立德宏傣族景颇族自治区。

1954 年 6 月 12 日，政务院批准：梁河县傣族景颇族自治区改为梁河县。1954 年 9 月 11 日，政务院批准：设立德宏傣族景颇族自治区（地级），辖保山专区的潞西、盈江、莲山、陇川、瑞丽、梁河共 6 个县（1953 年 1 月 23 日成立）。1956 年 4 月 29 日国务院批复：将德宏傣族景颇族自治区改为德宏傣族景颇族自治州。同年 5 月，保山专区并入德宏，撤销保山专员公署，将其所属的保山、腾冲、昌宁、龙陵 4 个县和畹町镇划归德宏傣族景颇族自治州建制。德宏州辖保山、腾冲、昌宁、施甸、龙陵、潞西、梁河、盈江、莲山、陇川、瑞丽 10 个县及畹町镇（县级）。1958 年 10 月 22 日德宏州人民委员会通知：撤销梁河县，将原行政区域全部划归腾冲、陇川、盈江、潞西 4 县。1958 年 10 月，莲山县与盈江县合并为盈江县。同年 11 月 30 日，陇川、瑞丽县合并为瑞丽县，12 月 1 日正式合署办公，县府设在勐卯镇。1959 年 11 月 1 日，陇川、瑞丽分设，恢复原建制。1960年9月13日国务院全体会议第103次会议通过：撤销莲山县，将原莲山县的行政区域并归盈江县。同年，盈江县驻地由乘龙街迁至平原镇（1958年10月撤并）。1961年4月15日，恢复梁河县，辖区以平山、大厂、遮岛、囊宋、河西5个公社和芒东区为梁河县的行政区域。

1963年12月18日，国务院批准：德宏与保山地区的建置分开，设立保山专员公署。保山专员公署驻保山县。德宏傣族景颇族自治州领导的保山、龙陵、腾冲、昌宁5县划归保山专员公署领导。德宏州辖潞西、梁河、盈江、陇川、瑞丽5县及畹町镇。1969年11月撤销德宏州，并入保山专区（1970年改为保山地区）。1971年11月恢复德宏州，辖潞西、梁河、瑞丽、陇川、盈江5县及畹町镇。1978年，德宏傣族景颇族自治州有12.72万户，总人口69.39万人。

1985年1月31日国务院〔国函字16号〕批复：撤销畹町镇（县级），设立畹町市（县级），以原畹町镇的行政区域为畹町市的行政区域。1992年6月26日民政部〔民行批69号〕批复：撤销瑞丽县，设立瑞丽市（县级），以原瑞丽县的行政区域为瑞丽市的行政区域。1996 年 10 月 28 日民政部〔民行批 80 号〕批复：撤销潞西县，设立潞西市（县级），以原潞西县的行政区域为潞西市的行政区域。德宏州辖 3 个县级市、3 个县。1997 年 4 月潞西撤县设市。1998 年 4 月 29 日民政部〔民行批 11 号〕批复：同意将陇川县人民政府驻地由城子镇迁至章凤镇。1999 年 1 月 2 日国务院〔国函 1 号〕批复：同意撤销县级畹町市，将其管辖的城关镇、混板乡和芒棒乡划归瑞丽市管辖。德宏州辖 2 个县级市、3 个县。

1999 年 2 月 8 日，撤销畹町市，设立瑞丽市畹町经济开发区（副县级）。至此，德宏州辖 2 市 3 县，即潞西市、瑞丽市和陇川县、盈江县、梁河县。2001 年，全州辖 65 个乡镇、341 个村委会。2002 年底，德宏傣族景颇族自治州辖 2 市 3 县，共有 64 个乡镇，340 个村（居）委会，3720 个村民小组。2004 年底，德宏傣族景颇族自治州辖 2 市 3 县，共有 64 个乡镇，359 个村（居）委会，3771 个村民小组。2005 年，全州将 64 个乡镇撤并减少至 50 个。撤并后有乡 28 个、民族乡 5 个、镇 17 个。撤销潞西市城郊镇和象滚塘乡，其行政区域并入芒市镇管辖；撤销潞西市东山乡，其行政区域并入遮放镇管辖；撤销潞西市法帕镇，其行政区域并入风平镇管辖。撤销陇川县姐乌乡和赛号乡。撤销盈江县岗勐乡和莲花山乡，其行政区域并入平原镇管辖；撤销盈江县芒允乡，其行政区域并入太平乡管辖，并将太平乡改设为太平镇；撤销盈江县姐冒乡，其行政区域并入弄璋镇管辖。撤销瑞丽市姐勒乡，其行政区域并入勐卯镇管辖；撤销瑞丽市芒棒乡和混板乡，其行政区域并入城关镇管辖，并将城关镇更名为畹町镇。撤销梁河县杞木寨乡。2005 年底，德宏傣族景颇族自治州辖 2 市 3 县，共有 50 个乡镇，364 个村（居）委会，3732 个村民小组。2006 年末，德宏州辖 2 个县级市、3 个县；23 个镇、22 个乡、5 个民族乡；29 个居委会、336 个村委会。2007 年末，德宏市辖 2 个县级市、3 个县；1 个街道、23 个镇、22 个乡、5 个民族乡；34 个居委会、336 个村委会。2010 年 7 月 12 日，国务院批准潞西市更名为芒市，8 月 23 日云南省政府通知正式更名。“芒市”是国务院继 1989 年以后正式批准的唯一一个专名和通名只有两个字的县级市名称。

"芒市"既是专名，其"市"字又是政区通名。当年第六次人口普查，德宏傣族景颇族自治州常住总人口1211440人，其中：瑞丽市180627人，芒市389891人，梁河县154175人，盈江县305167人，陇川县181580人。2014年，瑞丽市勐卯镇、畹町镇、弄岛镇，芒市勐戛镇、遮放镇，梁河县芒东镇，盈江县弄璋镇，陇川县章凤镇、陇把镇共9个镇被列为全国重点镇。

德宏州辖2个县级市、3个县，面积11526平方千米，人口121.15万（2010年六普数据）。州人民政府驻芒市（原潞西市）。

德宏州傣族景颇族自治州行政区划

名称	面积（平方千米）	人口（万人）	邮编	政府驻地	管 辖
芒市	2987	39	678400	芒市镇	辖5镇6乡、1个街道办事处、1个农场
瑞丽市	1020	18.07	678600	勐卯镇	辖一个边境贸易区、一个经济开发区、3镇3乡、2个农场
陇川县	1931	18.16	678700	章凤镇	辖4镇5乡1国营农场
盈江县	4429	30.52	679300	平原镇	辖8镇7乡1个农场
梁河县	1159	15.42	679200	遮岛镇	辖3镇6乡

三、史海钩沉

（一）先秦两汉时期的德宏

1. 史前文化觅踪

德宏州文物管理所先后于1996年11月、1998年3月、2002年1月3次派调查队对怒江德宏段区域史前文化进行调查。在1996年11月的第一次调查中，先后在中山乡以东11千米的尖山大园子、以东6千米的青树寨大园子、以东6千米的黄家寨梁子田、东南3千米的芒丙邦本村4个地方发现新石器时代遗址，均位于怒江边的二、三级台地上。1998年3月对这几处遗址进行了复查，并在尖山遗址上进行试掘，当时开了2个1米乘1米的小方洞，发现明确的文化层和较丰富的石器、陶片。2002年1月的调查中，在怒江支流万马河（流长26.5千米）畔发现了李子坪和红岩田新石器采集点，在芒杏河边的白岩山也发现了新石器采集点。

2003年初，德宏州文物管理所与保山市博物馆组成联合调查组，在腾冲、梁河、盈江三县文管所配合下，对大盈江干流两岸进行了史前文化调查。本次联合调查组在德宏的调查路线，主要沿南底河（大盈江上游右支）流域进行，一直到大盈江出境点为止，累计行程近200千米。本次调查活动取得了突破，发现了平山八留地新石器时代遗址、茂福小退坪子新石器时代遗址和平山小偏山新石器时代采集点。在近年来，随着第三次文物普查工作的深入，在普查与复查中又确定了陇川芒当马鞍桥、芒当青龙头、芒当大蛇腰、新弄糯新、芒市麻耐树地、瑞丽雷宫山遗址、雷允闷、坎兰遗址等新石器时代遗址。

这些遗址的发现对研究中缅边境中国一侧的新石器时代人类历史和民族渊源具有重大的科学研究价值，同时也证明了至少在三四千年前的新石器时代德宏地区就有人类的先民居住。

2. 早期的德宏居民

夏时（前2033—1562年）的梁州、雍州时期，德宏这个美丽富饶的边疆，就一直是我们祖国不可分割的部分。远在4000多年前，德宏就属于夏王朝的梁州或雍州。《禹贡》记载："华阳黑水惟梁州，黑水河西惟雍州。导黑水至于三危，入于南海。"对流入南海的黑水，历代史学家的考证各说不一，但大都指德宏附近的澜沧江、潞江（怒江）和大金沙江（即伊洛瓦底江）。不论黑水属于这三条江中的哪一条，都可以说明当时德宏地区不属于黑水河东之梁州，就当属于黑水河西之雍州。

商周时（前1563—769年）时期，据殷商以来的历史记载，当时云南地区已居住着滇、昆明、白、哀牢、濮、黑齿（或越）等部落。德宏是濮和黑齿（越）等部落分布的地区。"濮"是孟高棉语族的先民，又称"百濮"，主要分布在现在的临沧以及普洱、德宏等地区。顺宁一带所产的竹子，明清时代还称濮竹，并作贡品；现在的德昂族属于这个族群，主要聚居在德宏。黑齿，又称越、粤或百越，是傣族的先民。西汉所称的"乘象国滇越"，指的就是现在德宏及其以西一带。

在商、周时代，濮和越等部落已和黄河流域

与中原发生了联系，各族开始了文化交流。据历史记载，濮、越等族人民，不但承认商、周的中国政权，常派代表团去贡献，而且还要被派服兵役。《周书·王会解》记载："汤四方献令曰：西南产里（《滇系》按，即今车里）、百濮（《滇系》按，即今顺宁），以象齿、短狗为献。""白人贡乘黄，卜人（即濮人）贡砂，黑齿贡白鹿。"越裳氏所派的代表团竟"重九译"到洛阳献"白雉一，黑雉二，象牙一"。由于路途遥远，"使者迷其归路。周公赐以文锦二匹，軿车五乘……载之以南"（《滇系》谓軿车即指南车），周武王讨伐商纣时，还调濮人到孟津作战。

3. 哀牢国的族属与居民

秦汉时期，当时与德宏紧紧相邻的"西自同师（今保山）以东，北至叶榆（今大理）"的"昆明"部落，据《史记·西南夷列传》和《唐书·南蛮传》等记载，还是"皆编发，随畜迁徙，毋常处，毋君长""随水草畜牧，夏处高山，冬入深谷"的原始游牧部落。但在德宏及以西的"滇越"地区，则早已建立"乘象国"的政权，社会、经济和文化，都已有了较快的发展。

西汉时期，德宏属中国西南边疆（徼外的）掸国，至东汉时期称哀牢地区，是四郡一属国中的永昌郡属哀牢地。当时所称的“哀牢地”是一个广阔的地区，包括现在云南的保山、德宏、临沧等地州及缅甸北部的大部分地区。《华阳国志·南中志》称：“哀牢地，东西三千里，南北四千六百里。”《后汉书》记载哀牢王柳貌所辖的地区，“其称邑王者七十七人，户五万一千八百九十五，口五十五万三千七百一十一。西南去洛阳七千里”。当时，这些地区已经进入农耕。《后汉书》又载：“土地沃美，宜五谷、蚕桑。知染采、文绣、罽毲、帛叠，兰干细布，织成文章如绫锦。有梧桐木华，绩以为布，幅广五尺，洁白不受垢污。先以覆亡人，然后服之。其竹节相去一丈，名曰濮竹。出铜、铁、铅、锡、金、银、光珠、琥珀、水晶、琉璃、轲虫、蚌珠、孔雀、翡翠、犀、象、猩猩、貊兽。”由此可见，这个广大的地区已经进入农耕社会，手工业已经比较发达。梧桐木华布后来被称为桐华布，盈江土司还以此作土锦充贡。

公元 69 年，“哀牢王柳貌遣子率种人内属”

“显宗以其地置哀牢、博南二县，割益州郡西部都尉所领六县，合为永昌郡”。派郑纯为永昌太守，并且开始征收赋税：“邑豪岁输布贯头衣二领，盐一斛，以为常赋。”于是，“夷俗安之”。同时还开通了自洱海地区经永平县花桥，越博南山，渡过澜沧江到保山的“博南道”。永昌郡所属八县，据考证为：哀牢（今盈江）、博南（今永平）、云南（今祥云）、邪龙（今巍山）、楪榆（今大理）、比苏（今云龙）、不韦（今施甸、耿马）、嶲唐（今保山）。这样，整个滇西就基本上连成了一体。

（1）德昂族先民

汉文史籍称其先民为“濮人”“濮子”“蒲”或“蒲蛮”，傣文史籍称为“达、养、腊、碧”。濮人还包括现在的佤族、布朗族等民族。其语言属于南亚语系孟高棉语族的瓦德语支。公元前1000多年的殷商和周时，就有濮人到中原进贡和参加战争的记载。濮人古时在云南境内的分布还是比较广的，而且也是德宏地区最古老的居民之一。唐樊绰《蛮书》记载：濮子在“开南（普洱）、银生（景东）、永昌（保山）、寻传（今怒江州及其西部）四处皆有。铁桥（今丽江、中甸一带）西北沿澜沧江亦有部落”。德昂族酷爱茶，是最古老的茶农，芒市勐嘎和盈江山区的老茶林，传说都是德昂族种植的。在许多地区都发现有德昂族的古老遗迹，许多地方的水井石房、瑞丽勐秀山上的古塔和石板路，传说都是古代德昂族的遗物。传说唐宋时期，德昂族已能自制陶器，中华人民共和国成立后在芒市河边、盈江、陇川、梁河等地德昂族村寨遗址中，还发现了一些陶器和陶片，上面的花纹与今日德昂族妇女所饰腰箍的花纹相似。相传阿、莽等均为德昂族姓氏，传说元代所封的茫施路军民总管府的土官阿利就是德昂族。德昂族很早就开垦水田，种植水稻。在瑞丽、芒市遮放和法帕一带，据当地傣族老人介绍，这些地区的许多水田都是德昂族最先开垦的。在德宏地区的发展历史中，德昂族劳动人民做出了宝贵贡献。

(2) 傣族先民

被称为“先瑞丽江人”和“后瑞丽人”的傣族先民也是德宏地区的古老民族，其语言属汉藏语系壮侗语族的壮傣语支。傣族的先民，汉以前称为“越”“掸”，唐史中称“黑齿”“金齿”“银齿”“绣脚”或“白衣”等，宋沿称“金齿”“白衣”。元、明时代称“金齿”“百夷”“白夷”“伯夷”。《汉书·张蓦传》记载：公元前122年张骞出使西域回来后，汉武帝命王然于、柏始昌等“指求身毒道至滇”，因为被在今大理一带的“昆明”部落所阻，不得通，“然闻其西可千余里，有乘象国，名曰滇越”。大理之西千余里的“乘象国”，当即德宏西南伊洛瓦底江渡口的太公（达光）王国。在伊洛瓦底江中上游居住的傣族先民“滇越人”，早在两千多年前，就已开创文明，建立政权。

4. 德宏是蜀身毒道必经之地

德宏历史文化悠久，在新石器时代、青铜器时代，境内已有各部族的先民栖息于此并开发这一地区，并且已同中原文化有着交往和联系。远在距今2400年前，已有四川商人到滇越进行贸易。随着社会、经济、文化的发展，通过保山、德宏打开了中国与缅甸、印度之间的通道，形成了一条北起四川成都，经昆明、楚雄，南下云南大理、永平，西经保山、腾冲、梁河到盈江出缅甸，接通印度东北的英帕尔，过孟加拉，溯恒河出印度西北，又过巴基斯坦、伊朗和阿富汗等国，再西行通向西亚和欧洲与北非的陆上贸易通道。“蜀（四川）身毒（印度）道”，即我国在古代的西南丝绸之路，这条西南丝绸之路比西北丝绸之路要早200多年。西南丝绸古道的向西延伸使德宏得以较早的开发。秦汉时期，由于古丝绸之路的兴盛，傣族先民即在今伊洛瓦底江上游建立了早期部落联盟制国家，即傣史所称的“达光王国”，或谓“哀牢国”“滇越乘象国”“掸国”，后来又在隋唐时于瑞丽江河谷建立了“勐果占壁王国”。“蜀身毒道”是民间商人悄悄开辟的，后来历经唐宋元明清，经久不衰，成为滇西各民族的民族迁徙之路、商旅贸易往来之路和中西宗教文化传播之路。同时这条古道还成为永昌缴外诸附属国与中原王朝进行朝贡贸易的必经之路。

从秦汉至明清，历朝均把开道、治道、通道作为西南地区开边、略边、治边的重要途径，德宏段古道的发展历史与历代中央王朝对西南边疆的经营密不可分。公元前122年，西汉武帝在听取张骞有关“蜀身毒道”的介绍后，开始大规模经营西南地区，力求打通“蜀—身毒—大夏—西域诸国”的国际交通线，希望联络西域诸国，共同夹击匈奴，以解除这一最大的外来威胁。随着中央王朝政治、经济、军事影响的不断加大，东汉永平十二年（69年）哀牢人内附，东汉在此区域设置永昌郡，包括德宏在内的滇西大片地区正式纳入汉王朝版图。永昌郡八县中的哀牢、南涪两县，经许多学者考证认为应是德宏境内的盈江、瑞丽。在政治上的联系加强后，随之而来的是西南丝绸之路基本全线畅通，德宏段古道也从民间商贸往来的通道转而成为中国与南亚、东南亚交往联系的重要陆上枢纽。

唐代，德宏属南诏国管辖。但通过德宏前往东南亚、南亚的西南丝绸之路，仍是唐王朝与东南亚、南亚各国交往的主要陆上通道。在《新唐书·地理志》中有这样一段史料：“从边州入四夷路程凡七道，乃据唐贞元中宰贾耽所撰《海内华夷图》及《古今郡图县道四夷述》录出。”当时唐王朝通往缅甸、印度的主要道路有两条：一条“自羊苴咩城西至永昌故郡三百里，又西渡怒江至诸葛城二百里，又南至乐城二百里，又入骠国境，经万公等八部落至悉利城……”，后穿骠国境至印度诸邦。另一条“自诸葛城西去腾冲城二百里，又西至弥城百里，又西行过山二百里至丽水城，乃西度丽水龙泉水二百里，至安西城……”，然后向西一直至印度诸邦。对这两条陆上主要通道上的几处地名，据夏光南先生考证：诸葛城在今龙陵境内高黎贡山分水岭上，乐城疑为“么些乐城”，似在今梁河境内罗卜思庄，弥城为今盈江盏西，丽水城在密支那附近，安西城为今缅甸勐拱。陈孺性先生在其著《缅甸华侨史略》中也如此说。方国瑜先生在考证《蛮书》所载地名时，对上述几个地点，除认为么些乐城（即乐城）为今瑞丽外，也与夏先生结论一致。从夏、陈、方三位学者的考证中，我们发现，唐代通往缅印的两条最主要陆上通道，均需通过德宏境内，详细的里程记录说明，当时德宏段古道不仅畅通，而且较稳定地作为沟通中外的大道使用。据《新唐书·骠国传》记载，公元832年，“南诏掠其民三千，徙之拓东（今昆明）”，这些被掠的骠国人被迁至今昆明城，走的也是通过德宏的西南丝绸之路。

宋代时，德宏属大理国管辖，但穿境而连通内地与缅印诸国的道路依旧畅通。据《宋史》记载，从公元948年至公元1253年，缅甸蒲甘王朝及缅印诸国使节多次通过德宏古道入贡大理及宋王室，其频繁程度，可以说“使臣往来，络绎不绝于道”。而万里迢迢送抵宋都城的贡物中，还常包括白象、孔雀等珍禽异兽，这些都表明当时道路通畅且路况较好。

当元跨革囊，平滇开省后，中央王朝加强了对包括德宏在内的西南边疆的控制力度。内地通往印缅的道路，也随着多次军事征伐的需要而得到进一步发展。由于缅蒲甘王国不断入侵我国西南边地，为捍卫西南边疆，据《元史》记载，元代先后于至元十四年（1277年）、至元十六年（1279年）、至元十九年（1282年）、至元二十三年（1286年）和大德四年（1300年），六次大规模地对蒲甘用兵。而元代通往缅境的道路主要有三条，《元史》缅甸国条载：“至元十二年（1275年），金齿头目阿郭言，入缅道有三，一由天部马，一由骠甸，一由阿郭地界，俱会缅之江头城”（按：江头城为当时滇缅交界城市，应在今八莫以南）。天部马，许多学者认为应是明所设天马关一带。此路应循龙川江而行，经芒市、瑞丽西出南坎、八莫以达江头城；骠甸，元代时曾设军民府，具体位置未见史载，但据相关史料推测其地方应为与今陇川、瑞丽交界的孟密境内。此路当由腾冲过南甸（今梁河），经杉木笼从陇川章凤出八莫往江头城；而阿郭一路为元代出缅正路，阿郭（又作阿禾）为当时干崖总管之名，此道从腾冲过南甸（今梁河），至干崖（今盈江），再出八莫至江头城，从《元史》可看出征缅军队基本均沿此路出境。

元世祖十四年（1277 年），开辟、改善了永昌—腾冲—勐拱—印度之间的商道，称“蒙光路”，并在今缅甸克钦邦之勐拱，置蒙光路军民府，把商道置于官府管辖之下。至元二十三年（1286 年），元初步平定缅甸，在其土地上设缅中行省，归云南行中书省节制。随着政治影响的扩大和军事战争的需要，德宏段古道在元代得到修拓实属必然。《元史》载“置驿入缅”，则说明德宏段古道（至少是入缅主道上）此时已设立驿站，管理道路，传递信息。

明朝初期，为巩固西南边防，平定以德宏为中心的麓川思氏政权，明王朝动用大量兵力，由兵部尚书王骥带军“三征麓川”，最终把滇西南全部纳入中央王朝控制。为巩固西南边陲，明王朝对这一地区，在行政上设立“三宣六慰”，在军事上兴建军事设施“八关九隘”。而在交通上，一方面修拓古路，保障道路畅通，在云南设太监，始创镇守之制，专门从事缅甸珍奇商品的采购，然后与商贾贸易；另一方面遍设驿堡汛塘加强道路管理。如《明实录》载：“永乐四年（1406年）于干崖长官司（今盈江县）内设古刺驿”“万历十三年（1585年）二月，置云南六驿十三堡”（包括德宏境内的景永驿、嘎赖堡、景永堡、盏达堡）。德宏段古道此时不仅是商贸往来和文化交流的通道，更是巩固边陲、抵制外夷的军事要道。

清朝时期，经德宏入缅道路无大变化。但对交通干线，清政府管理力度进一步加强，沿所有交通干线设防区，称“汛地”，并分设许多汛塘和关哨。清初在德宏境内最大的汛地杉本笼曾配汛兵500人，干崖汛也有汛兵200人，而其他汛口、汛塘也常驻兵若干，并给所有的汛塘配置驿马。这些措施，显示德宏古道在清王朝实施守土威运、钳制远藩的西南边境战略中的重要性，德宏古道成为真正意义上的国门要道。

在历代中央王朝经营通往缅甸、印度诸国主干道的同时，德宏边境各族群众还依山就水开通了多条出入缅甸的民间驿道。据有关部门统计，在民国年间，德宏通往缅甸的民间步行驿道有 64 条之多。这些民间驿道，作为西南丝绸之路的补充，在历史上也做出了积极贡献。

5. 东汉封授掸国为汉大都尉

掸国，据傣文史籍记载即达光王国后期，是哀牢国（达光王国前期）残余势力在伊洛瓦底江上游地区建立的军事民主制国家。公元 1 世纪，汉帝国在哀牢境内与滇国残余势力展开厮杀及哀牢王族的反汉斗争，导致哀牢民众陆续迁至怒江以西及伊洛瓦底江上游地区发展。公元 77 年，哀牢国因类牢反汉失败，统治中心开始转移到怒江以西的伊洛瓦底江上游地区，成为怒江以西地区、伊洛瓦底江上游地区各部族的盟主，很快又在伊洛瓦底江上游地区崛起。发展崛起的掸国，与南部的骠国开始发生冲突，骠国不断对掸国进行侵扰。东北有强大的汉帝国，南面有骠国侵扰，受到两面夹击的掸国，选择了向更加强大的汉帝国靠拢。《后汉书·南蛮·西南夷列传》第七十六记载，永元年（89 年），徼外焦侥种夷陆类等三千余口举种内附，献象牙、水牛、封牛。永宁元年，掸国王雍由调复遣使者诣阙朝贺，献乐及幻人，能变化吐火，自支解，易牛马头。又善跳丸，数乃至千。自言我海西人。海西即大秦也，掸国西南通大秦。同书载：“公元 97 年，掸国国王雍由调派遣使臣经永昌到洛阳出使东汉帝国，赠送掸国出产的珍宝，汉和帝刘肇回赠了金印和紫绶带，同去的部落头人也得到汉和帝赠予的印、绶和钱帛。”明年元会，安帝作乐于庭，封雍由调为汉大都尉，相当于郡一级的行政长官。据《后汉书·西南夷传》记载掸国入使东汉还有两次：第一次是公元 120 年，雍由调又派遣使臣及庞大的杂技团再次出使汉帝国。第二次是公元 131 年，雍由调再次派遣使团经日南郡（今越南西北部）出使汉帝国，并向汉帝国赠送了掸国的大象。

掸国与汉帝国建立外交关系后，不仅解除了

汉帝国的军事威胁，还得到汉帝国的支持，掸国民众与汉帝国境内的族人来往频繁，双方使臣也频繁互访，掸国吸取了汉帝国的先进文化，引进汉帝国的历法，农业生产得到提高，民众开始富足，军事也得到加强，南面的骠国慑于逐渐强大的掸国，开始停止了对掸国的大规模军事侵扰，只敢时不时试探性地对掸国进行侵扰。

公元6世纪中期，国势强盛的骠国人口猛增，不少骠人开始迁移到瓦南班一带居住，骠国与掸国的冲突不断升级，吴尚佐忙于应对骠国的进犯，瑞丽江一带的傣族头人混鲁、混赖兄弟趁机做大，兼并周边领土，于公元576年，在勐卯（瑞丽）建立“果占壁国”。

公元586年，骠国为寻找新的都城，倾其全国之力北征，一举攻下掸国王城補甘姆，掸国土崩瓦解，掸国王族（哀牢王族）纷纷逃亡至哀牢故地，各地头人纷纷自立。混鲁、混赖兄弟趁乱兼并掸国各部族，并率傣族军民抵御骠国的进犯。

（二）蜀汉与南北朝时期的永昌故郡

三国初期，滇中大姓雍闿抓了益州太守张裔，解送给东吴，孙权遥授闿为永昌太守。这时，南中地区除永昌郡功曹吕凯和郡丞王伉附蜀外，“南中诸郡，并皆叛乱”。公元225年，诸葛亮出师南征，在滇东北一带斩雍闿，七擒孟获，平定了益州、永昌、牂牁、越嶲四郡。诸葛亮虽然没有到过保山、德宏一带，但由于在他平定南中后，实行了“纲纪粗定，夷汉相安”的方针，积极整顿法治，改善民族关系，因而在整个云南甚至缅甸一带都留下了极为深刻的影响。当时，诸葛亮认为：“若留外人则当留兵，留兵则无所食，一不易也；加夷新伤破，父兄死伤，留外人而无兵者，必成祸患，二不易也；又夷累有废杀之罪，自嫌衅重，若留外人，终不相信，三不易也。今吾欲使其不留兵，不运粮，而纲纪粗定，夷汉相安，故也。”于是，把云南四郡划为七郡。“收其俊杰”“即其渠帅而用之”。以李恢为建宁太守，吕凯为云南太守，给孟获做到御史中丞的官。同时还“移南中劲卒青羌万余家于蜀”，李恢又“迁濮民数千于云南建宁界，以实二郡”。诸葛亮还亲自“为夷作图谱：先画天、地、日、月、君长、城府；次画神龙，龙生夷及牛、马、羊；后画部主吏马幡盖，巡行安抚；又画牵牛、负酒、携金宝诣之像。以赐夷”。并且还教人民发展生产。由于诸葛亮实行抚夷政策，对南中各民族的影响是很大的。至今在德宏各民族中，对诸葛亮的传说和纪念地址还非常多。樊绰《蛮书》记载：“隔候雪山西之大洞川（在今缅北江心坡），亦有诸葛武侯城，城中神庙，土俗咸共敬畏，祷祝不阙。蛮夷骑马，遥望庙即下马趋走。”今保山龙陵镇安称诸葛城，今陇川的章凤也有称诸葛营的地名，可见诸葛孔明声威之深远。

（三）南诏大理国的西部边境

1. 唐南诏国的西部边境

公元618年，唐高祖自太原起兵，攻取关中，建立唐朝。德宏隶属于唐朝的姚州。唐高宗即位后，永昌两次叛乱，672年的叛乱被镇压，但680年的叛乱中，唐总兵李义战败，郎将刘惠等战死。武则天即位后采取安抚政策。691年，“遣御史裴怀古招怀永昌”。于是，694年，“永昌酋董期帅部落二万户内附”。

公元734年，南诏皮罗阁得朝命统一六诏，“天子诏赐皮罗阁名蒙归义”“册封为云南王”。皮罗阁自统一六诏被封为云南王后，势力大振。

永昌诸郡，缅、暹罗、大秦、交趾、八百、真腊、占城、老挝等，皆“岁进于王不缺”。德宏地区也属于南诏统治。南诏对保山、德宏地区，曾进行了几次较大的移民。在皮罗阁征服其他五诏的战争中，就把那些诏主贵族集团和其他的一些人移到保山、德宏一带地区。据杨慎的《滇载记》和樊绰的《蛮书》等记载：如蒙巂诏的王子原罗，原来就质于永昌，皮罗阁乘原罗奔丧之际，灭了蒙巂诏后，又将“其子原罗复归永昌”；消灭三浪诏时，“乃以其族走永昌，施望欠渡澜沧江，溺水死”；攻灭浪穹诏时，“俘矣罗君，徙永昌”；破邆赕诏时，“俘颠之托，徙永昌”……另外，南诏还进行了几次更大的移民。《滇系·事略系》记载：公元760年，“阁罗凤遣昆明城使杨牟利，以兵围贺西爨，徙二十余万户于永昌”。公元794年，樊绰的《蛮书》记载：“异蒙寻破掠吐蕃城邑，收获弄栋城，迁于永昌之城。”二十余万户可能过于夸张，但可以肯定，数量是不少的。所有这些大量的移民，对德宏的社会经济文化发展是有相当影响的。

公元762年，阁罗凤亲自率师西征，从保山、德宏，一直到广大的缅北地区，建立了统治机构。据《南诏德化碑》记载：南诏赞普钟十一年（762年）冬，阁罗凤亲自率其“寮佐兼总师徒”带兵西征。在高山深谷地区，“刊木通道，造舟为梁”。所到之处都“耀以威武，喻以文辞”。对投降的“抚慰安居”，对抵抗的俘虏捆掷“系颈盈贯”。所到之处，选择重要地点建立城镇，并帮助解决一些困难。因而裸形地区“不讨自来”，祁鲜地区“望风而至”。经过这次征讨，在保山、德宏及缅北部分地区建立永昌节度使，在怒江州及缅北伊洛瓦底江上游建立丽水节度使，还在摩零山上建立“都督城”“置腹心，理寻传、长傍、摩零、金宝、弥城等五道事云。凡管金齿、漆齿、绣脚、绣面、雕题、僧耆等十余部落”。南诏统治的地区，西北接印度，西至印度洋边，西南至曼德勒以北及如今的掸邦一带。丽水即大金沙江，今称伊洛瓦底江；丽水城在今缅北伊洛瓦底江畔的达洛古渡，摩零山在今缅北的八莫后山；裸形地区即今钦敦江一带。寻传国的范围，已包括西近印度、南可通海的广阔伊洛瓦底江上游地区。在寻传以东的地区，仍有部分寻传蛮分布，雅砻江下游一带有史书中仍称“寻传部落”。至此，寻传蛮的分布状况是澜沧江东部少，西部多。

南诏征服寻传后，在这一地区设置丽水节度和摩零都督加以管理。丽水节度所辖的今德宏重要城镇有镇西城（今盈江县）、弥城（今盈江县盏西）和缅甸北部城镇。原永昌节度所辖的今德宏重要城镇有些乐（今瑞丽市）、利城（今梁河勐宋）、罗君寻城（今梁河芒东）、郎阳川（今大盈江）、首外川（今陇川县）、茫部落（今芒市）、盐井（今芒市遮放）、拨敖河（今瑞丽市）。

在《南诏德化碑》的碑文末，所签署的王室大臣名单中，载有：“大军将赏二色绫袍、金带赵龙细利”；“大军将赏二色绫袍、金带黑嘴罗眉”。这两位“大军将”就是傣族。南诏所封授的文臣称为“清平官”，武臣称为“大军将”，是王国的最高官员。“赵龙细利”是傣语，其意为吉祥大王，是对国王的尊称。傣史记载，勐卯的混等，公元762年，被南诏王招为东床驸马，并封授为管理整个傣族地区的“勐卯王”。故疑此“赵龙细利”，或即果占壁王混等。“黑嘴罗眉”“黑嘴”或“漆齿”“黑齿”是当时对傣族的称呼，“罗眉”是其名。《南诏德化碑》中说：“建都镇塞银生于黑嘴之乡。”银生城所镇守的地区，称之为“黑嘴之乡”。银生城的镇守区，即今中国云南的临沧、普洱、版纳及泰国、老挝北部和掸邦东部等傣族地区。则这位罗眉“大军将”，也就是这一带地区的傣族。赵龙细利和罗眉两位傣族“大军将”，已是南诏王国最高统治机构中的最高官员。由此即可见当时傣族势力之强大及其在南诏王国中之地位。

南诏曾数次在德宏及附近一带掠夺奴隶，以扩充其军队或移往别的地方。《元史·地理志》载：“金齿蛮……异蒙寻破群蛮，尽掳其人，以实其南东北。”公元794年，又从永昌以望苴子、望外喻等千余户，隶配拓东城（今昆明），“分隶城傍，以静道路”。又公元832年，“劫掠骠国，虏其众三千余人，隶配拓东，令其自给”。公元835年，攻击骠国，又“劫金银，虏其族二、三千人，配丽水淘金”。在德宏一带的“黑齿蛮，金齿蛮，银齿蛮……，皆为南诏总之，攻战亦诏之”。在南诏的整个军队中，保山、德宏一带的人就占了三分之一。

当时在保山、德宏一带的民族或部落主要是：越赕扑子，望苴子、望外喻、金齿、黑齿、银齿、绣脚、寻传、裸形、穿鼻、磨西等。撲子，望苴子、望外喻等可能是德昂族的先民；樊绰《蛮书》说，其人“俗尚勇力，士又多马”。金齿、黑齿、银齿、绣脚等可能是傣族的先民。寻传即景颇族的先民，《新唐书》载：寻传“俗无丝纩，跣履，棒棘不苦也，射豪猪生食其肉，战以竹笼头如兜鍪”。裸形可能是现居缅北的克钦族先民，《新唐书》载：裸形“漫散山中，无君长，作槛舍以居，男少女多，无农田，以木皮蔽形，妇或十或五共养一男子”。樊绰《蛮书》还特别叙述了大赕（疑为今之缅甸坎底）地区的情况说：“自寻传，祁鲜以往，悉有瘴毒，地平如砥。冬，草木不枯，日从草际没。诸城镇官惧瘴疠，或越在他处，不亲视事。”又说“又过金宝城以北，大赕周回百余里，悉皆野蛮，无君长也，地有瘴毒……阁罗凤常使领军将于大赕中筑城管制野蛮，不逾周岁，死者过半……其田土肥沃，种瓜瓠长丈余，冬瓜亦然，皆三尺围。又如薏苡，无农桑，收此充粮……往往有吐蕃至赕贸易云。此山有路去赞普（即吐蕃，今西藏）牙帐不远。”

在南诏统治时代，德宏一带对铁器的生产和使用，已经进入比较高的阶段。在南诏军中占三分之一的“永西”兵，其所自带的枪、剑、甲胄、腰刀等兵器都很犀利，一事不阙，可见其对铁器的制造技术和使用程度。农业已经进入犁耕。德宏一带所生产的“哀牢布”（或称“桐华布”），在唐以前就已出名。而且，自南诏经保山、德宏西去印度的古丝绸之路，比以前更加繁荣，德宏和内外境的联系也更加密切了。

2. 大理国的西部境界

唐昭宗天复二年（902年），南诏政权崩溃之后，自公元902年至937年间，在原南诏统治的区域内，先后出现长和国、天兴国、义宁国三个小王朝的政权更替。公元937年段思平建立大理国，其疆域也即是宋朝的西南边疆，基本上沿袭南诏时期，只是局部地方有改变而已。西部地界到达缅甸的江头城，即今缅甸实阶区东北部的杰沙，界线在今缅甸八莫上下周围一带。大理前期沿袭南诏时期旧制并设永昌节度，后期废节度，设永昌府，委高氏世守，其境界与永昌节度相同；

大理前期于腾冲设治为软化府，管辖南诏时期的丽水节度故地，只是治所不在丽水故城，而在越赕（今腾冲），软化府也属节度之一的建制，至大理后期，废节度设腾冲府，腾冲府的境界也与丽水节度相当，而于金齿地别设镇，即金齿镇（今德宏州），所属还有镇西镇（今盈江县）。德宏即包含在大理国所设腾冲府和永昌府内。

（四）元明清土司地

1. 金齿国茫人部落与元缅战争

金齿诸国　公元1253年，元世祖忽必烈率蒙古兵，自四川出大渡河，破吐蕃，以革囊渡金沙江，出丽江，直攻大理，生擒大理国王段兴智，并斩高泰祥于昆明五华楼。大理国灭亡。1254年，元又派兀良合台西征，直抵德宏和缅北一带。于是，“金齿、百夷、缅中诸蛮相继纳款，腾冲府酋高救内附”。初步统一了这一带地方。中统二年，“金齿、百夷诸酋”又派子弟到北京朝贡，元帝国派贺天爵为“金齿等国安抚使”“忽林伯副之”，直接管辖今德宏、保山、临沧和缅北等广大地区的“金齿诸国”，以诏谕安抚其民，并正式纳入大理总管统辖。

“路”“甸”的设置　由于“金齿诸国”“叛服无常”，因而元帝国经常派兵征讨，并不断改变统治方法。1268 年，元世祖派爱鲁“绝缅道”“征金齿诸部”；第二年，爱鲁又再次到“金齿诸国”“定其租赋”。1270 年，又派兵“征金齿、骠国五部未降者。破其二部，余三部酋长阿匿福、勒丁、阿匿瓜降”。1275 年，金齿头目阿郭又提出：“愿先招阿提放及金齿之未降者。”1273 年，元朝将金齿分为两路：临沧一带为东路，保山、德宏一带为西路，以加强其统治。1275 年，又将东路改为镇康路，西路改为建宁路，并任命贺天爵为建宁路宣抚使。1276 年，更进一步将大理金齿都元帅府所统辖的地区，采取“分而治之”的办法，划分为三十六路和四十八甸，每一路和甸都“置土官管辖”。同时又以“事有所督，则委官以任”，派内地的官员进入这些地区加以控制。但由于内地所派官员害怕这些所谓“瘴疠之区”，每年只是“冬去春回”。因此，实际权力仍然操纵在当地部落头人手中，当地的社会经济和政治制度都没有多大变动。

当时在德宏一带所建的路为：①茫施路，即

今芒市。“其地曰怒谋、大枯赕、小枯赕，即唐史所谓茫施蛮也。”②平缅路，即今梁河。“其地曰骠赕，罗必四庄（今罗布坝）、小沙摩弄（今杉木笼）、骠赕头。”③麓川路，即今陇川、瑞丽、遮放及木姐、南坎一带。“其地曰大布茫、赕头附赛、赕中弹吉、赕尾福禄培，皆白夷所居。”④镇西路，即今盈江。“其地曰干额赕（今干崖）、渠澜赕（今盏达）。”此外，如现保山潞江坝为柔远路，缅掸邦北部为木邦路；缅北孟绥、孟拱、密支那一带为迤西路；缅北迈立开江和恩梅开江的广大地区为“南赕”，是“白夷、峨昌所居”之地。后来又在缅北划地增设云远路、蒙光路、蒙怜路、蒙莱路等。

统分的战乱　元初虽已在德宏地区分散建立了管辖地区较小的“路”的统治机构，派了内地汉族或蒙古族的统治者直接到各地统治，但许多地方仍“叛服无常”，各“路”都不能完全统一自己所辖的地区。公元1279年，元又派“尼雅斯拉鼎将大理军抵金齿、蒲缥、曲腊、缅国界，内招忙木、巨木秃等寨三百，藉户十一万二百。诏定租赋，立邮遞，设卫送军”。1283年，又“以万户不都蛮镇守金齿”“西南蛮夷有谋叛未附者”。1284年，“建都王乌蒙及金齿一十二处俱降”。“腾越、永昌、罗必丹，民心携二”“十月，增兵镇守金齿国。以其地民户刚狠，旧尝以汉军新附军三千人戍守，今再调探马赤蒙古军二千人，命药刺海率赴之”。1285年，合大理、金齿二宣抚司为一，移治永昌，并罢原两路宣抚司。1287年，“金齿打奔等兄弟求内附，且乞入觐”。1289年，“金齿人塞完以其民二十万一千户有奇来归”。1290年，“云南阇刀白衣甸酋长凡十一甸内附”。1291年，“立金齿等处宣慰司都元帅府”“金齿国遣阿顋入觐。”1292年，“麓川路总管达鲁花赤阿散男布八，同赵昇等招木忽鲁甸”，金齿土官“阿鲁言：其地东南邻境未附者约二十万民，慕化愿附，请颁旨命布八、赵昇谕之。从之”。1293年，“诏遣使招谕漆头金齿”。1295年，“云南行省平章额森布哈言：敢麻鲁有两夷未附，金齿亦叛服不常，乞调兵六千镇抚金齿，置驿入缅。从之”。1301年，“征缅师还，为金齿所遮，士多战死，又相效不输赋税，刺杀官吏”，因而“遣薛超兀儿等将兵征金齿诸国。”

掠夺各地的战争 当时，德宏一带还有掠夺人民的战争。《马可·波罗行记》记载：金齿区域“一切工作皆由妇女为之，辅以战争所获之俘奴而已”。《经世大典·金齿招捕录》记载：镇西路总管阿兰叛乱被斩后，其弟你南谷进京朝贡得袭职，后又传其子得朵。阿兰之子三阵使其伙头投缅，来向得朵索取土地和人民，得朵不给。于是，1322 年，三阵投大甸伙头阿吾，攻夺不岭、雷弄二寨。元朝派人往谕，阿吾说：“吾破不岭寨，杀伤甚重，虏五十人；破雷弄甸，烧四百余户，管别寨惧而降我，我遣其民二百五十家于我弟拜法砦中。不岭所虏木甸人，其族各以银三百两赎一人，尽赎去。迄今官招谕，我终不出，亦不受榜，所夺地亦不回付，须与之相杀。”李京《云南志略》金齿百夷条也记载：“攻城破栅，不杀其主，全家逐去，不然囚之致死。”由此可见掠夺奴隶战争之残酷。

蒲甘的入侵与太平河反击战 由于缅甸蒲甘王朝的崛起和扩张杀掠，导致了元帝国的多次征缅。1044 年，缅甸蒲甘王国的阿努律陀即位，统辖今曼德勒、敏铁拉、皎克西、实皆一带。国势逐渐强盛，就到处扩张杀掠，掠夺土地和人口。

至元八年（1271 年），元世祖忽必烈通过元大理、鄯阐等路宣慰司都元帅府派遣乞䚟脱因等出使缅甸，诏抚缅王。缅国蒲甘王朝那罗梯诃波帝派使者价博到达大都。忽必烈派使回访缅国。两国间建立了初步联系。至元十年（1273 年），忽必烈派勘马剌失里、乞䚟脱因和礼部郎、工部郎等组成高级代表团赴缅，“招谕王国”，使“遣其子弟、若贵、近臣偕来”“用敦永好”，要求缅王派遣王室子弟或显贵大臣来京朝贡。未料，元使一去不归。据缅甸史籍记载，元使是因为晋见缅王不肯脱马靴而被处死的。云南行省见使臣久久不归，缅王毫无表示，便向朝廷建议出兵征讨缅国。忽必烈没有批准，示意先观其动向。

1277 年，元世祖忽必烈通过元大理、鄯阐等路宣慰司都元帅府派遣乞䚟脱因等出使缅甸，诏抚缅王。缅王借口干额总管阿禾内附，抱着很大的野心，“发其众约四、五万，象八百，马万匹”，来攻干额，并“欲立砦腾越、永昌之间”。“时大理路蒙古千户忽都，大理路总管信苴日，把总千户脱罗脱孩，奉命伐永昌之西，腾越、蒲缥、阿昌、金齿未降部落，驻扎南甸”。阿禾来告急，忽都即率所部七百人至干崖迎敌，大战于大盈江畔。元军“追破其十七砦，转战三十余里，贼及象马自相蹂践，死者盈三巨沟”“捕虏甚众，其脱者又为阿禾、阿昌邀杀，归者无几”。这就是历史上的“太平河（即大盈江）之战”，缅史称为“牙嵩延之战”。意大利人马可·波罗在他那本打开欧洲人心智与视野的著作《马可·波罗游记》里，谈到德宏时，充满着好奇与敬畏之心。那是中国历史上第一次关于象兵作战的记载，史称“小梁江之役”的元缅之战，“小梁江”即是今梁河县的大盈江。同年十月，元朝云南诸路宣慰使都元帅纳速剌丁统兵 3848 人出征缅国。元军进占江头城（今缅甸蛮莫县江新），招降了附近的掸族部落 35200 户（约 300 寨）。后因天气炎热，未深入缅境。纳速剌丁回国后，向朝廷上奏曰：“缅国地形虚实，全在我掌中，大可伐之。”

元缅战争　元缅战争是 1277 年至 1287 年间元朝皇帝忽必烈率军攻打缅甸蒲甘王朝而引发的战争。战争以元军胜利、蒲甘王朝沦为元朝附庸国而告终。

自太平河反击战后，缅王仍不断入侵，元朝也不断征讨，直至蒲甘王朝衰落，实权被其大臣掸（傣）族阿散哥也掌握之后。1280 年 2 月，诏纳速剌丁将精兵万人征缅国；5 月，又诏云南行省发四川兵万人征缅。1282 年又征缅。1283 年，敕药剌海领军征缅，还动了蒙古新附军。1284 年，相吾答儿、也罕的斤分道征缅，于阿昔、阿禾两江造船二百艘，拔江头城和太公城（达光城）。1286 年在太公（达光）城设置“征缅行省”，以理缅甸事务。1286 年，“敕造战船将兵六千人征缅”。1287 年，征缅行省合撒儿海牙至缅，谕其王来北京，缅王言“邻蕃数叛，未易即行”。是年，还派新附军五千，探马赤军一千，并四川兵五千赴缅，“驻缅近地，以俟进止”。1297 年，元朝封的里普哇南阿迪提牙为缅国王，其大臣木连城掸人阿散哥也三珠虎符。缅王已名存实亡，实权都全掌握在其大臣阿散哥也手中。阿散哥也掌权后，又出兵进攻中国边境，并于 1300 年杀其国王，王子逃至北京。阿散哥也又与八百媳妇勾结，窥伺元朝边疆地区。于是，元朝又派薛超兀儿将兵万二千人征之。1324 年和 1326 年，缅两次向元帝请求，按内地建制，建立缅甸行省，但都没有得到允许。1338年，“立邦牙等处宣慰司都元帅府并总管府”，仍以蒲甘子孙吾者那为宣慰使，但实权则掌握在阿散哥也之弟僧哥速手中。

兼併战争　元朝末，即14世纪初，元朝对德宏地区的统治逐渐减弱，各地互相杀戮兼併，社会秩序更加混乱。1318年，“永昌南窝蒲贼阿都众、阿良等作乱，烧劫百姓，杀镇将，夺驿马”。1319年，“云南阇里、爱俄、永昌蒲蛮阿八剌等并为寇”。“木邦路带邦为乱”。1321年，“怒谋甸主管故，侵茫施路鲁来等寨，烧百四十一村，杀提控案牍一人”。1322年，“镇西路大甸伙头阿吾与三阵作乱，夺不岭、雷弄二寨”。罗左甸伙头阿赛，为南甸路伙头得院夺其妻，而派莽占领兵三百，烧得院寨。1325年，“木邦路八庙率僰夷万人，寇陷倒八汉寨”“六月，木邦路土官八庙既降，复叛”。1328年，“大理路怒江甸（即柔远路）土官阿哀你寇乐辰诸寨”。这些杀戮兼併和混战，对勐卯封建王朝的统一，也起了一定的促进作用。

2. 思氏叛乱的平定与明缅战争

尚书王骥征麓川　明正统二年（1437年），

麓川（今德宏州瑞丽、陇川一带）领主思任法侵占干崖、南甸、腾冲、潞江等地。明朝英宗正统年间，以兵部尚书王骥为统帅，万里出征，史称三征麓川。

一征：正统六年（1441 年），朝廷命王骥总督军务，调甘肃总兵蒋贵为平蛮将军，师出京师，后征调湖广、四川、贵州等地兵将 15 万人，巧渡怒江击败思任法叛军，翻越高黎贡山复进腾冲，兵出杉木笼山（今梁河、盈江、陇川交界处）直抵麓川老巢。思任法携二子逃亡缅甸，得知王师北归班师还朝的消息，又卷土重来，大举寇边。

二征：正统七年（1442 年），明朝廷又征调各省军队 50 万，由王骥、蒋贵和沐英之子沐昂统兵经腾冲直捣麓川巢穴者兰，思氏父子再次逃往国外。翌年，云南千户王政奉旨使缅，擒拿思任法及部下 30 余人以献。思任法惧怕，途中绝食而亡，王政取了其首级解报朝廷。

三征：数年之后，其子思机法又重起边乱，正统十三年（1448 年），朝廷再命王骥、蒋贵、都督宫聚第三次征讨麓川，王师渡龙川江直抵伊洛瓦底江，王骥率军追叛军思机法至远离麓川千余里的勐拱海，土人惊讶叹曰：“自古汉人从未渡过大金沙江（今缅甸伊洛瓦底江），今王师到此，莫非天威不成?”王骥虑及短期内难以彻底消灭思氏，只好与之约定，划大金沙江为界，命思禄居孟养，不得越境侵扰，并令其发誓曰：“石烂江枯，尔乃得渡。”同时刻石立碑于江畔，授思氏金牌，不与印；并规定凡有公文呈中国，只得自称“金沙江奴婢”。思禄俯首听命，王骥班师回朝，使大明江山永固，民族团结和融合！

3. 八关九隘话边防

明神宗万历二十二年（1594 年）前后，因缅数次入侵，缅甸洞吾王朝军队繁仍活动干戈于孟养、木邦、陇川之间，边疆各土司由于朝廷“三征麓川”治边策略的乖张，在形式上归附朝廷，但各土司置废情况复杂，向心力度反复暧昧。为防止缅人分道大举劫边，危害边防，故云南巡抚陈用宾下令修筑八关于中缅边境的通缅古道咽喉要地，现据《明实录》《东华录》及一些地志与尤中先生地名考辨和地名资料引述八关设置与守护情形如下：

神护关：在腾越厅城西 190 千米盏西邦中山，

接野人界，有公署一，控制茶山（即恩梅开江支流的小江流域地带）、古勇（即今腾冲市西北的古永一带）、威缅、迤西等路。关址今仍存，在盈江县苏典稍东北，勐嘎稍西南。现在可从盈江县城平原镇乘车经平卡公路，岔苏典公路转勐嘎步行，计60余千米即可到达。古关门洞深20余米，宽3米余，高4米余，左右墙各高3米。四至范围为：东至老关城40千米勐豹界；南及长流河勐嘎孟歪上坝分水岭70里万仞关界；西抵卡押瓦控河60千米景颇族人界；北达大垭口山25千米昔董景颇族人界。1991年盈江县重新立碑时，确定为老关城就是“神护关”，从此“神护关遗址碑”便巍然屹立于老关城山巅上。

天马关：设在原瑞丽，陇川交界三角地内的西邦欠山上，天启《滇志》卷五说：“天马关在邦欠山，台周二十六丈，高二丈三尺，楼高四丈四尺，有公署一所，控制勐广、勐密、勐曲等要路。”《清一统志》又言：“在腾越厅西南540里邦欠山，接缅界。”尤中先生考证为勐卯三角地的西南端，瑞丽江（龙川江）右侧，关址至今犹存，由中方弄岛出缅15千米至曼允，一天行程到哈布新蚌（意为石头为界的地方）即关址所在地。现据说有一丈多高，周长三个人才能合抱的界碑，顶部有印，还有汉字。瑞丽江位于关南，东南方向是南坎，西北方向是八莫。

虎踞关：设在原陇川地区的邦抗山。《清一统志》载：在厅城西南240千米。《腾越六关图说》载：由章凤街20千米买板，17.5千米蛮线，20千米帕棍，20千米盆干及蔑腊崩（今缅甸洋人街），尤中先生证实关址在今缅境洋人街之西邦抗山（当地人称班候山）上，距章凤六七十里处。即今中缅国境线上至莫习山、南鸠河一带，在铁壁关南面。

汉龙关：设在原瑞丽地区南边界外的龙川江东岸十多里的芒棒山（龚回要害）。《续云南通志稿·武备志·边防》载，在今缅甸南坎东北部的碘卯山。公元1885年，中英会勘至汉龙关时，在关址掘得“龙关”二字各半残石额两块，关之石门犹存。该地后来被英国人占领，中缅划界才与南坎一并划归缅甸。

铁壁关：原设在腾越厅西南270千米西等练山，接缅甸界，控制莫英（即今境外太平江北岸的曼冒），道光年间以后将关址移至今陇川县西南部邦外公社垒良村西部的板凳山樑上。其控制地段，北以太平江与铜壁关控制区接界，南距虎距关15千米，西以旧洗帕河与缅属蛮莫司地分界，今38号界碑处出国境线往西的太平江以南，洗帕河以东。东至大娘山脚40千米陇川界，南及金扒山15千米陇川界。关址虽内移，但直至清末光绪年间，防守控制区域范围仍然是明确的。

铜壁关：原设在腾越城西南540里布岭山顶，接缅界，有公署二，控制蛮哈、海木、蛮莫等要路。《清一统志》载，其台周三十丈，高二丈二尺，楼高五丈四尺。清初向东内移50里，《滇南界务陈牍·西界陈牍·腾越沿边疆索图说》中说，新关址在嘎渎山（今盈江铜壁关区驻地），内移后控制边境未失，东至老官坡顶15千米蛮允（今盈江县西南部芒允）界，南及老蛮莫江（今太平江），又名槟榔江或干海子缅界，西抵大金沙江（今伊洛瓦底江上游），北达盏西江，皆无里数。距遗址约200米处，为明万历年间所设守备驻防公署故地（现为雪梨寨景颇族农户住宅），其西北侧为留守署，已淤没的饮水井遗址，存有石壁一方，上携有“大清乾隆三十九年右营中军”“龙王神位”等摩崖题字，仍依稀可辨，均为正楷书体。原城楼东侧道路旁立有长约1米，宽0.5米的残留直幅式镌刻“天朝”正楷书石碑一方，已断裂为两节，但字体仍完整。另有民国末年景颇族山官早章用于拒战的石雕遗迹。游人从盈江县城平原镇乘车经太芒公路至芒允，然后步行约两小时即到。

巨石关：设在腾越厅城西150千米户冈习马山，即今盈江县昔马东南的城门洞山上。其关居高临下，昔马坝子尽收眼底，控制户冈迤西要路。四至范围：东至盏达司署4千米，南到香蚌林7.5千米，西抵灰河10千米，北达西排寨7.5千米。现遗址尚存部分城砖、瓦砾，山顶几块拔地而起的巨石上，枕着一堵近7米高，30多米长的土坯城墙，上面镌刻着“天朝巨石关”字样的残存匾额两方，字体残缺，拼接后可辨。游人从盈江县城平原镇乘车经盈昔公路，至昔马附近下车，然后步行1小时即到。

万仞关：设在腾越厅往西150千米的吊桥勐弄山（今盈江县勐弄乡政府南1.5千米处的山顶

上)，接缅界，控制港得、港勒，即今境外楠马利卡河南部甘道阳和太白江与八莫通往密支那公路交叉处的卡拉阳，或写作嘎拿洋。据《保山县志》记载：台周三十丈，高二丈八尺，楼高七丈三尺，时关址城垣、石基尚存。台周近110米，用毛石和卵石砌成，中有宽、高3米多的城门道遗址，仍清晰可辨。城楼台基上残留镌刻着颜体大楷书“天朝万仞关”字样的匾额一块，已断裂为数节，经拼接后仍较完整。今万仞关址可从盈江县城平原镇乘车经平卡公路至勐弄下车，然后向南步行1.5千米即到。

八关历代都是边防要塞，为兵防重心，有重兵保守，其中万仞、神护、巨石、铜壁四关，则统设蛮哈守备以戍之，各关或设公署一二处，分兵守备所控制要害。明末则由抚夷镇守，清末则各由属境土司保人呈腾越同知签派，这其中值得一提的是，各关俱配置协管弩弓、弩练，或百十户（铜壁关158户弩手）、弩练25户，或数十户（神护关协管弩手26户，铁壁关72户），另配有景颇族协管数百户。很显然滇西能用弩作退敌利器的当为傈僳族神射手，而擅长用刀剑铳炮枪的野人，诚然是广大的景颇兄弟，无论在平时或战时都参与八关守备，傈僳族弩手和景颇族兄弟是八关真正的守护神，其在传递军事信息和防御外敌方面的贡献是值得赞许的。傈僳族曹三叶祖孙三代和景颇族早氏（包括早乐东）在抗击外侮方面的杰出贡献，历史是不会遗忘的。1986—1990年，为铭记边关历史、追忆这些民族英雄，省、州、县先后拨款在原址重竖石碑，先后在万仞、巨石、铜壁、神护四关另立石碑，供游人作警世爱国主义教育。

八关四至范围之通道，或为民间商旅往来的要道，或为中缅交通之主要驿道，均属通缅咽喉门户，历史上在沟通两国人民往来中起过一定作用，即使今天仍不失为贸易黄金大道。明朝末年以来，为方便交往，疏通官商贸易，也为防守腾越边境，除八关外，尚设有九隘。据光绪《续云南通志稿》卷九十九载，腾越厅九隘土职为明光隘、大塘隘、茨竹隘、古勇隘土目、滇滩隘土目，各设有土把总土守备正副抚夷以资防御，余无奏案者，后至嘉庆二十五年（1820年）又有支那隘抚夷呈报其为世袭抚夷，另据《腾越厅志》《永昌府文征》等地志述及尚建设有猛豹隘，杉木笼隘和石婆坡隘（今陇川县城），黄草岭隘（今梁河县境）如是则知名者有十个隘。查光绪《续云南通志稿·秩官志士司》记载数目，则有关隘一十七处。显然属腾越厅西部关隘则仅指古永、明光、滇滩，支那、猛豹、大塘、茨竹，杉木笼、石婆坡、黄草岭十隘，其余缺列之七隘当属腾冲东北。明末清初通过治理西南边防，遍置隘口，起到了戍边安居、巩固国防的重要作用，这其中同样也少不了山区傈僳族弓弩守护者的功绩。

有清一代，从乾隆十八年（1740年）直到清朝末年，八关九隘控制地段与西南部防守的国境地段，都不曾发生变动。当英国占领全部缅甸之后，开始觊觎我领土。清光绪二十四年（1898年）进行中英勘定滇缅界时，英方负责人斯洛德多次出入我国境内从事间谍破坏活动；但中方参加勘界人员深入踏勘，均详细注清八关要址，并提交证实物出示英方作历史证据，但当时身为云贵总兵调临元镇总兵的刘万胜作为中方负责人，竟不如实出示边地情况，在英方强盗逻辑协迫下，昏庸无能地将大片领土，包括茶山、里麻两长官司地，勐卯三角属地和我国世代驻守的铁壁、虎踞、天马、汉龙四关让英人夺去，南坎地区被其永租。此后，后人并赠刘万胜叫“刘卖国”，从此八关并被人为地分为上四关和下四关，上四关者即今仍属中国领属的神护、万仞、巨石、铜壁四关，而下四关便是“刘卖国”中英勘界时划属英方的天马、汉龙、铁壁、虎踞四关，每当议及其事，时人和后人都视作是一种耻辱，欲分食刘万胜的肉，饮干其血而不觉为快，实则遗叹万世了。

4. 滇西封建十土司的最后形成

“三征麓川”中，德宏地区先后建立了3个宣抚使司、2个副宣抚使司、2个长官司和1个土千总等10个土司，形成滇西封建十土司。这些土司，世袭相传，一直到中华人民共和国成立后的1956年才废除。延续时间长达574年。

南甸宣抚使司。1408年，授原果占壁“召鲁”刀贡勐为土知州。1444年以从征功升宣抚使司。清沿明制，仍准其袭宣抚使世职，延至中华人民共和国成立后。

干崖宣抚使司。1408年授长官司，1444年土酋刀帕便以征功升宣抚使司。

陇川宣抚使司。征麓川中改设陇川宣抚使司。设治陇把，以原果占壁“陶勐”恭项为宣抚使。1447年，因恭项“暴无辜”而被安置去曲靖，改授多歪闷为宣抚使。

盏达副宣抚使司。原为干崖宣抚副使，分驻盏达，后升为副宣抚使司。1909年以私卖昔马地案裁撤，至1927年又恢复副宣抚使司。

遮放副宣抚使司。原为陇川副宣抚使，分驻遮放，明万历初升为副宣抚使司。

芒市安抚使司。1443年，以果占壁“陶勐”方放革从征有功，敕授芒市御夷长官司。1615年，升安抚使司。

勐卯安抚使司。原为麓川地，后改属陇川宣抚使司。1609年，以蛮莫思忠安插于此，赐姓衎，授勐卯安抚使司。

户撒长官司。1442年王骥令其把总赖罗义驻守，后升为长官司。清初废为勋庄，1692年恢复。1724年再次裁撤，直归入腾越州，1769年又恢复。

腊撒长官司。其祖先况本也是王骥的把总，

后升为长官司，自以况字不吉祥而改姓盖。敕授与裁撤均与户撒长官司相同。

勐板土千总。明万历初年，保山平嘎土舍蒋思孝随军征缅甸有功，钦授勐板土夫长世职，乾隆年间沦陷于缅甸。1898年中英勘界，收复勐板部分地区，清政府为形势需要，仍设土职，遂以蒋思孝八世孙原勐板土舍蒋金龙为土千总，世守勐板。

“三征麓川”后，德宏十土司在各自辖区内组织各族群众医治战争创伤，恢复生产。至16世纪初，德宏地区的生产基本恢复，人民又开始安居乐业。直到1573年缅甸东吁王朝骚扰边境至明缅战争而后陈用宾构筑八关九隘，才又恢复平静。

但人民在土司统治下，生活艰难。同时，土司制度也严重地阻碍了社会经济的发展。土司之间、土司内部也时常斗争，相互抢劫村寨，滥杀无辜，使人民遭殃，影响了边疆的稳定。土司拥有自己的武装，他们利用自己的兵丁镇压当地人民，抗命朝廷，叛乱不绝。土司制度的长期存在，不利于国家的统一。

5. 四次路经德宏的清缅战争

清乾隆年间在云南边境地区，清军同缅甸进

行了长达4年之久的大规模战争。1764年至1767年间，缅王孟驳带领两万精锐缅军侵犯暹罗，占领暹罗全境。后为完成北方领土的统一在中缅边界地区发生小范围军事冲突。1766年，缅军发起对云南边界地区普洱等地及澜沧江沿岸的九龙江、橄榄坝等寨的侵犯，开始对我国国土进行入侵。

乾隆时期，云贵总督刘藻先后派总兵刘得成、参将何琼诏及游击明浩率三路清军迎击入侵缅甸军队，皆被孟驳率军击溃。两路将领领军败逃，刘藻后上书乾隆帝两将军战死疆场。乾隆后经查实以“藻本书生，军行机宜，非其所习”革除刘藻总督之职，刘藻畏罪自杀。

刘藻兵败后，清政府派大学士杨应琚担任是否为云南巡抚。杨氏抵滇后驻军大理和普洱，缅军此时攻入至云南思茅（今普洱）等地。杨应琚派刘德成、华封、哈国兴等兵分三路进行阻击，收复景洪，思茅（今普洱）境内缅军基本击退。当年九月，缅军再次攻占新街、木邦。杨应琚转守保山，命总兵乌尔登额收复木邦，朱仑收复新街。清军提督李石升驻军陇川北部的杉木笼指挥部队进行策应。战事刚开始，清军收复失地顺利，此时因缅军南下进攻暹罗无暇北顾，缅军便派使与清军和谈。杨应琚不准和谈，又“移文檄缅，言天兵数十万陈境上，不降即进讨”。缅甸紧急征调暹罗的军队，命大军沿大金河北上，收复新街的清军守将赵宏榜被驰援缅军击败。杨应琚令各路大军驰援李石升，总兵刘德成驻军干崖，并不驰援李部，逼迫杨应琚率军攻占勐卯，参将哈国兴等惧敌溃逃，军械粮草大部溃散。清军主将杨应琚向朝廷上报前线大捷，缅军已大败清军并攻陷神户和万刃两关，将清军包围于盏达、户撒、猛卯等地。杨应琚在腾越边地被围，直到清军从大理调派援军抵达后缅军才撤退。杨兵败泄露，乾隆查处杨应琚失职之罪，因难免其责，对杨氏赐死。清朝利用云贵军士第二次对缅作战以失败告终。

刘藻、杨应琚因对缅战事失利皆被赐死，但所失国土并未收复。乾隆二十九年（1764 年）四月，乾隆皇帝派正白旗汉军督统兼伊犁将军明瑞任兵部尚书兼云贵总督前往云南，增调八旗、四川、云贵兵 2 万兵马、携带 2 个月的粮草分两路入缅作战。九月，各路军马齐集永昌。明瑞领主力一万五千兵马进驻永昌，寻机进攻宛顶（今畹町）、木邦、孟艮，向阿瓦城（今缅甸曼德勒）攻东路；派参赞大臣额尔登格、提督谭五格率兵一万为北路，出腾越，从猛密攻老官屯。两军预计在缅国都阿瓦会师。因道路被雨水冲毁，辎重拥塞，缅军将津渡桥梁全部毁坏，清军前进迟缓。东路军用了3个月的时间才出宛顶，八月进抵木邦，缅军已挟居民退走。明瑞留下五千参赞珠鲁纳、按察使杨重英率兵驻守木邦，保证粮饷的通道，并亲率大军涉江迂回至缅军侧背，出其不意全歼敌军两千多人大破缅军，后进攻蛮结。缅军设置十寨，两万人分散其中，寨中设外壕、鹿砦等保护措施，并列有象阵为伏兵，阻止清军反击。明瑞令一部兵力踞东山梁，一部兵力据西山梁，自己居中督兵冒枪炮进攻，缅军北沙两百余人后退保栅寨。在清军的压迫下，缅军连夜放弃其他栅寨而退走。后至两国边境地区地势险要，军马缺乏草料，缅军将清军草料焚烧一空，清军无粮可截，暂时放弃了阿瓦城的进军命令，缅军取道大山土司地区向木邦后撤。缅军见清军缺粮，主动寻找战机集中兵力进行追击。清军采用轮流掩护的方式，且战且行，步步为营，在蛮化设伏狙击缅军获得大捷，歼敌四千余人。后将缅军牛、马缴获犒军，修整数日后继续后撤，但在途中遭遇缅军阻击，只能从间道而行。在明瑞的率领下，清军经过 60 多天的艰难的行程和战斗，于乾隆三十年（1765 年）正月到达距国境 100 千米的孟育地区。

清军因粮草问题，守军又饿又渴，火药又尽，于抵抗半年后失守，总兵胡大猷战死，参赞朱鲁纳自杀，按察使杨重英被俘。与此同时，北路额尔登格率军出虎踞关，进攻老官屯数月未攻下。清军主将战死，伤亡士兵上千人，额尔登格惧敌不战，将所部撤回。缅军集结军队进攻老官屯守军，对云贵总督明瑞所率的东路军进行围攻，而额尔登格抱着观望态度不派兵增援明瑞。明瑞领兵与缅军主力作战，被缅军重重包围，粮草短缺火炮枪支皆无弹药，明瑞领军趁夜突围，并亲自领兵断后与敌军主力绞杀，清军与缅军激战一夜，无不血战沙场，近千名士兵战死，多数士兵牺牲于宛顶。明瑞败行 10 余千米，后按规呈报朝廷后自缢于帐下。因不配合作战的额尔登格拥兵自重，既未在明瑞战时驰援明瑞东路军，又未按照原计划进攻、解除明瑞之困，罪情重大，后被处以磔刑。清军第一次反击缅甸军队以清军全面溃败结束。

清乾隆三十四年（1769年），乾隆皇帝为了显示大清皇威，在缅甸方面已归还俘虏和与清议和的前提下，第二次向缅甸用兵。钦派大学士傅恒为中军经略，参赞大臣阿里滚、兵部尚书阿桂为副将军，舒赫德为参赞大臣，鄂宁为云贵总督，调江苏巡抚明德为云南巡抚用以征调粮草。傅恒率领满蒙八旗2万余人，从北京出发经过2个月的跋涉到达腾冲地区，湖广总督调广东和福建地区水师参战。清军采取先发制人的方式对缅军进攻，改变以往为避免瘴疫的情况在秋初与缅军交战的习惯，在多路大军未到达的情况下，率先兵出腾越进入万仞山地区，次月进军允帽。缅甸方面派头人来降，并乘船迎接清军。傅恒率兵攻占猛茅，接着又占领了南华寨地区。阿桂亲率另一部分清军出虎踞关（现云南瑞丽地区）至野牛坝，同福建、广东调来的水军合军进攻，向新街地区进兵。缅军从猛戛支援新街，阿桂设伏兵水路夹击，缅甸方面兵船多被击沉，战船败走。年底时，缅军在大金沙河与夹江列阵，并以战船罗列在江岸。清军阿里滚率军攻西岸栅寨，缅甸军队败亡。傅恒、阿桂率军从东岸攻，伍三泰、常青率军从西岸攻，阿里滚率领水军，三路大军追击缅军。进至老官屯地区后缅军采取了放弃主动应敌的政策，转为修筑巨栅，栅外掘壕三丈，壕外又横卧大木，致使清军难以逼近军营。傅恒率军采用大炮轰击，栅成孔不能倒塌，后又为缅军所修复使用，通过长绳、老藤将栅围住，后清军采取火攻的方式，通过烧焦木的表皮；最后挖掘地道，堆积火药放于栅下洞中轰炸，至栅爆起数丈后落下，陷成沟壑，清军仍旧难以进军。

至乾隆三十五年（1770 年）初，因缅军防御坚固，清军久攻不下，总兵福德中枪身亡，天气逐渐转变雨季到来，大量清军水土不服，死伤军士前后达到两万余人。面对战局情况，清廷与缅甸方面达成议和。缅甸国王孟驳也因新街、江口的败仗和老官屯之战中的大量伤亡同意议和。中缅双方分别派代表在老官屯签订合约，清军按约撤回，班师会京。乾隆五十五年（1790 年），缅甸王孟云派出使者前往清廷庆贺乾隆八十大寿，请求封赐，乾隆皇帝准许，仍遣使赐金印封孟云为缅甸国王，定为十年一贡。就此中缅和平相处，缅甸成为清王朝的属国。

（五）帝国主义的入侵与反帝斗争

早乐东抗英　早乐东，景颇族，云南陇川县人，生卒年不详，陇川县王子树乡的山官。鸦片战争以后，我国西南边疆不断受到英、法殖民主义者的各种侵略，边疆各族人民因此不断掀起保家卫国的斗争。1885 年，英国吞并缅甸后，把缅甸设置为其殖民地下的一个行政区，并借中英滇缅勘界之机，蓄谋侵占中国领土。清光绪二十三年（1897 年），中英在陇川地段勘界，当地景颇山官目睹英国官员胁迫软弱无能的清政府把国界线无故的再划进我国六七十里后，遂率领各族群众奋起抗争。景颇族爱国山官早乐东先向英方展示虎踞关及铁壁关的碑文拓本，证明这一带地区历代均属中国领土。但英国侵略者竟无视边民卫国行为，悍然命令步骑兵侵入陇川章凤街。早乐东率众反击，将英军头子奥氏从马上拉下，欲斩杀之，迫使奥氏跪地求饶，答应立即撤兵，退出我国疆界，有力地阻止了英国的入侵行动。此次保卫章凤街的战役中，景颇族人付出了极大的代价，牺牲了50多人。早乐东等人可歌可泣的英雄事迹弘扬了中华民族的正气，也为保卫祖国领土完整做出了贡献。

马嘉理事件 英法等国在打开中国沿海门户及长江后，又想通过中缅、中越边境打开内陆的“后门”，从19世纪60年代起，不断探测从缅甸、越南进入云南的通路。为了修筑一条由缅甸仰光到云南普洱的铁路，同治十三年（1874年），英国上校军官柏郎率领武装探路队近200人，从缅甸出发，探测到我国云南的路线；英国驻华使馆的职员马嘉理，也奉公使威妥玛之命，从北京经云南到缅甸接应，准备年底与柏郎在八莫会合。光绪元年正月（1875年1月），马嘉理和柏郎率领武装探路队不事先通知地方官，就擅自闯入云南，并扬言要进攻腾越城（今腾冲），盈江蛮允山寨的景颇族人民力阻英国侵略者通过。1875年2月21日，马嘉理与4名中国随员抵户宋河，在云南腾越地区的盈江蛮允附近与当地的少数民族发生冲突，马嘉理向当地群众开枪逞凶，群众义愤填膺，把马嘉理从马背上拉下来，然后将 5 人都杀死，首级悬于芒允城墙上。经此打击，探路队不敢继续前进，退回缅甸新街。这即是“马嘉理事件”，或称“滇案”，又称“云南事件”。当时，威妥玛就马嘉理事件向清政府施加外交压力，声言将派兵入滇。其时，新疆正值多事之秋，清廷已命令左宗棠西征以收复新疆。由于担心英国会与俄国联合起来阴谋占据新疆，就命令李鸿章、丁日昌一同妥善办理此事。次年七月，李鸿章与威妥玛在山东烟台签订中英《烟台条约》，清朝政府以“盗匪劫杀”为名，将腊堵、儿通瓦等 23 位少数民族抗英勇士斩首，把积极主张抗英御侮的腾越镇总兵蒋宗汉、同知吴启亮革职，将左营都司李珍国革职下狱，向英国赔款、道歉；允许英国人开辟印藏交通；开放宜昌、芜湖、温州、北海为通商口岸。中国的司法与主权进一步遭到侵犯。

（六）中华民国时期主要军事活动

1. 刀安仁与辛亥起义

边塞伟男刀安仁　盈江干崖宣抚使第 20 任土司刀盈庭掌印夫人所生的长子，被称为“混相”，即傣语“宝石王子”之意，是法定的土司继承人，傣语官名帕应法。刀安仁少年时期其父十分重视对他的教育，先后安排了傣族私塾教师刀洛勐和知今鉴古、学问渊博的白族教师蒋桂对刀安仁进行教育，使其知书达理，学到了科学文化知识。期间缅甸国王嫡长孙莽哒喇缰括因缅甸被英国殖民军占领，国破家亡抵抗挫败后，退守到盈江干崖刀安仁家进行避难，在与刀安仁接触中交谈了缅甸被沦为殖民地的经过后，让年幼的刀安仁懂得了国家落后就要被人欺负及国家兴亡匹夫有责的道理，从而树立了强烈的爱国主义思想。1891 年，年仅 19 岁的刀安仁承袭了土司职成为干崖第 21 任宣抚使。就在这一年，英帝国主义为扩大殖民统治，入侵了盈江铁壁关地区（今属缅甸）。眼见国土沦丧，为保卫祖国领土，刀安仁征调四五百名土司兵到盈江铁壁关地区大青树（傣语叫顿哄罕）安营扎寨，采用“七里蜂护窝”战术，痛击入侵的英军，取得重大战果，保卫了祖国领土。1893 年英国殖民主义者见武力不能达到目的，就以勘界为由，暗地把汉龙关的界碑移到我国境内，企图以“合法手段”达到侵占我国领土的目的。刀安仁随父亲刀盈廷为落实汉龙关界碑的遗址，不辞艰辛，奔走150多千米，终于查证确认了汉龙关在勐卯正南的位置，为1894年中英续签滇缅条款提供了强有力的证据。1898年英帝国主义加紧策划侵占我国领土，大举入侵我国铁壁关、虎踞关地区，刀安仁依托大青树营盘，号召傣族、汉族、景颇族、傈僳族、阿昌族等族群众与英国侵略军进行斗争。坚持了8年之久的抗英斗争，给予侵略者以沉重的打击，保卫了祖国的领土。但就在这一年，在中英进行滇缅边界会勘中，清朝廷派出昏庸无能的官员刘万胜担任勘界负责人与英方谈判。在英帝国主义者的利诱威胁下，刘万胜卖国求荣，听任洋人摆布，将属于我国领土的铁壁、虎踞、天马、汉龙四关大片国土拱手让给英帝国主义者，使刀安仁和各族群众浴血奋战8年的反抗英国侵略者斗争的成果毁于一旦，刀安仁悲愤至极，仰天长叹“小民尚知守土，朝廷却忍辱求荣，如斯沉沦，国将不国！”

面对腐败透顶的清朝廷，刀安仁日思夜想，寻求救国富民的良策，学习考察近代工业，引种三叶橡胶、桑树、银桦树，准备创办实业，走实业救国之路。1905 年刀安仁毅然出走，到印度、缅甸考察学习。在缅甸期间，经华商丘仁恩介绍，结识了受革命党人思想影响的《仰光新报》经理庄银安等人，接受了推翻封建帝制的革命思想，决心以举兵滇边为己任，回国组织滇西起义。刀安仁回到干崖后，立即创办军国民学校，聚集力量，培养人才。这时革命党人秦力山来到干崖，与刀安仁共商反清大计。秦力山见刀安仁胸怀宏图大略，赞扬他是难得的革命斗士，力促他东渡日本留学学习，并写了介绍信举荐他到日本与孙中山、黄兴联系。刀安仁把土司职务委托给三弟刀安善代办，瞒着重病的老父亲，率领刀安文等十多个傣族青年男女经由缅甸八莫、仰光、中国香港沿途考察，历时近 5 个月才到了日本。刀安仁到日本东京后，就立即拿着秦力山的介绍信，找到了孙中山、黄兴，向孙中山、黄兴表明了要求加入同盟会，坚决反对清朝廷的决心。经孙中山多方审查和考虑，认为安刀仁是少数民族傣族人民的领袖，又是抗英英雄，对创立民主共和十分有利，决定吸收他加入同盟会。于公元 1906 年 5 月 31 日，由吕志伊介绍，孙中山主盟，吸收刀安仁和刀安文加入了中国同盟会，在当时的“中国同盟会最初三年的会员名册”中，云南省会员有 21 个，刀安仁兄弟是其中的两个。刀安仁加入同盟会后，更加坚定了反对清朝统治的决心。刀安仁在日本留学期间，除在东京参加法政大学速成法政科学习外，在孙中山、黄兴的介绍下，刀安仁又结识了吴玉章、居正、宋教仁、胡汉民、李根源等人，并和宋教仁多次专谈了云南少数民族地区的情况及开展革命起义的问题。刀安仁在日期间通知家中拍卖了官租先后筹集了 9.5 万银元，除用于购买起义枪支、生活费用及留下回家的路费外，其余款项全部捐赠给了同盟会作为革命活动经费，于 1908 年几经辗转，又回到了干崖。又于 1910 年辛亥革命时按照孙中山等人在东京起草的《革命方略》，提出了腾越武装起义的计划，得到了孙中山、黄兴等人的支持，并取得了首义成功。

正当革命蓬勃发展之时，因腾越首义比昆明重九起义还提前三天，以正统自居的蔡锷等人欲抹杀首义之功臣，乘刀安仁赴南京汇报起义经过途中，暗算刀安仁，在南京将其逮捕入狱，又转狱北京，后经孙中山、黄兴、宋教仁等人合力营救得以出狱，并委以重任，但其身心遭到严重摧残，西巡陕西回京后卧病不起，于 1931 年 2 月病逝北京，享年 40 岁。

刀安仁是盈江干崖宣抚使第 21 任 24 代土司，曾率众抗击英军入侵干崖，后留学日本追随孙中山先生，参加了云南腾越起义，被推为都督。噩讯传来，孙中山深表痛惜，致挽云“中华精英，边塞伟男”，北京政府追谥他为上将军衔。刀安仁力主改革土司制度，创办学校，发展傣族文化，引进科学技术，开办种植业、加工业，取得了许多成就。他于 1904 年从新加坡引种的橡胶树，至今还存活一株，被称为“中国橡胶母树”。

永昌起义　又称干岩（干崖）起义。刀安仁回到干崖后，一方面大力举办实业，一方面组织反清斗争。同年 5 月，杨振鸿一行在新加坡晋见孙中山，拟定了“滇西革命以腾（冲）、永（昌）入手”的策略，并带回《革命方略》。随之中国同盟会仰光分会决定把干崖作为滇西起义的前线指挥点，建立同盟会干崖支部。继后，刀安仁与张文光、刘辅国决定，在同盟会仰光海外分会干崖支部领导下，建立腾冲外围组织——腾越自治会，刀安仁任组长。与此同时，刀安仁奉命在干崖组织敢死队。敢死队一支由杨振鸿带往保山，会合何畏举行永昌起义。当刀安仁得知起义被人告密后，又立即派出由刀椿庭率领的另一支敢死队前往增援，因军机泄漏起义失败，刀椿庭在攻北门时牺牲。杨振鸿转移至保山蒲缥莽林寨，因劳累过度，染疾病重，医药无效，客死何家寨。保山光复后，改葬遗骸于太保山。

九·六腾越起义　永昌起义失败后，刀安仁安排好善后事宜，于1910年再次东渡日本。这次来到日本，一方面与东亚公司交涉举办实业事宜，另一方面找孙中山面策推翻清朝计谋。同年6月中旬刀安仁晋见孙中山并与之长谈，得到孙中山的深刻教诲和面授机宜，立即回到干崖继续组织武装起义。1910年7月，在干崖新衙门召开会议，腾越张文光、刘辅国参加，决定于农历九月初六发动腾越起义。中国同盟会仰光分会同意起义计划，并派出专人将“革命方略”和“滇西国民军都督府”印鉴送达刀安仁。1910年农历九月初六当日，由刀安仁带领的傣族、景颇族、阿昌族、傈僳族、德昂族、汉族等各族人民组成的滇西国民军共计9个营800多人，昼夜兼程赶到腾越，打响了云南辛亥革命的第一枪。滇西腾越武装起义按照原计划获得一举成功，成立了滇西国民军都督府，公推刀安仁为后军都督、张文光为前军都督。接着，刀安仁倾其家产，筹措大量军费，支援起义军向纵深发展。

3. 滇西抗日战争

第一次世界大战后的1929年至1932年，资本主义国家经济萧条，内部争夺市场的斗争异常激烈，引发了帝国主义阵营的大分裂，形成以美、英、法为一方和德、意、日为另一方的两个势力集团，为争夺势力范围而引起第二次世界大战，日本的战略目的是占领中国、东南亚和整个太平洋地区。1941年12月1日，日军偷袭了美国珍珠港发动太平洋战争，在全面侵占中国的同时，于1942年初先后占领包括缅甸在内的东南亚国家。由于中英联军缅甸的指挥系统混乱，导致中英作战失利，10万入缅甸作战的中国远征军损失惨重，被迫分两路沿中印、中缅边境撤退入印度蓝姆伽和中国滇西。在混乱之中，日军于1942年5

月3日快速入侵德宏，后于怒江东岸受到中国守军阻止，于5月4日至10日隔江占领滇西，切断了中国于1938年底修通的滇缅公路生命线。敌56师团常驻总兵力1.5万至2万人，占领时间长达两年零八个月。

1942年5月，日军沿滇缅公路攻陷我国滇西后，入缅远征军中的杜聿明第五军和孙立人的二十八师，1万多人进入印度，集结于印缅边境之蓝姆伽，改为驻印军，归史迪威指挥。同年8月，中美首脑决定：中国从国内空运5万名下级军官和士兵至蓝姆伽，由美国提供全部美械装备，编为新一军和新六军，由孙立人和廖耀湘分别担任两军军长，部署攻击缅北。

为了尽快打通中印公路，为有效牵制日军对滇西战场的支援，新一军和新六军采取一面作战和一面修建公路的战略，缅北战场于1943年底至1944年初提前进入缅甸边境开始战斗。当时拟定的中印公路有南北两线：北线由印度的利多经缅甸密支那、八莫到中国的腾冲、保山和昆明，全长1568千米；南线由印度的利多经缅甸密支那、八莫、南坎复滇缅公路至中国的保山、昆明，全长 1731 千米。因南线沿途有日军驻守，而北线除腾冲外，大部分地区为我控制，故决定打通北线，并拟定 5 月进攻密支那，月底至腾冲与国内远征军会师。

滇西方面，为了配合缅北远征军打通北线中印公路，实现远征军于腾冲胜利会师之举，于 1943 年 4 月在楚雄建立远征军长官司令部。司令长官先为陈诚，后改为卫立煌，指挥十一和二十两个集团军：十一集团军辖钟彬的七十一军八十七师、八十八师和新二十八师，王凌云的第二军第九师、七十六师和新三十三师，黄杰的第六军新二十九师和预备二师。二十集团军总司令霍揆彰，辖周福成的五十三军一三〇师和一一六师、方天的五十四军三十六师和一九八师。另以第八军为总预备队，军长为何绍周，副军长为李弥，投入滇西反攻作战的总兵力为 16 万人。1943 年 5 月 3 日，卫立煌长官于保山板桥镇举行会议，决定两个集团军分左、右两翼展开攻势，霍揆彰的二十集团军为攻击军，5 月 10 日开始，全面抢渡潞江，于 5 月 11 日从双虹桥、栗柴坝附近渡江攻取腾冲；宋希濂的十一集团军为防守军，固守江防。为阻止敌沿滇缅公路增援，十一集团军则组建了三个加强团，攻击红本树和平嘎据点，以之策应攻取腾冲。同年 11 月，长官部挺进至保山马王屯，着手筹划反攻滇西。

抢渡怒江打响后，日军加速对潞江西岸的前沿阵地增兵，从芒市到象达和平达，阻止我军从三江口、打黑渡等怒江下游渡江，双方开展了激烈的前沿战，日军总兵力不足，又急忙从缅北战场上抽调了一部分兵力来参加滇西作战。在远征军全部渡江及扫清了敌军的外围据点后，日军将主力收缩到松山、龙陵县城、腾冲县城等几个战略重点死守，形成了滇西抗战中最艰苦的松山、龙陵、腾冲、畹町四大战役。其中，发生在德宏境内的主要战役是芒遮畹歼灭战。龙陵争夺战结束后，大部分日军在龙陵被消灭，一部分残敌退回到芒市的大本营。芒市日军的设防重点在放马桥周围的红岩山、桐果园和大小尖山一带。在龙陵作战期间，远征军的第二军就开始从龙陵的象达、平达直插芒市在红岩山、桐果园一带展开对日作战，阻击日军对龙陵的增援，战斗亦相当激烈，攻打红岩山的第二军三十三师九十七团官兵牺牲过半。龙陵战役结束后，远征军主力沿滇缅公路追剿日军，于11月20日收复了芒市。12月1日，日军撤退到畹町的黑山门，回龙山、黑勐龙一线设防，凭险抵抗，大部队撤到畹町和缅甸九谷驻守，这时尚有敌军约5500人。为了攻击日军的最后一道防线，远征军集中了13个师的兵力，200多门大炮，出动了空军，组织了黑山门歼灭战，兵分三路：一路负责正面攻击；一路沿瑞丽江东岸西下，直插缅甸九谷后方；一路从遮放出境，直插回龙山、黑勐龙之敌。战斗于1944年12月28日发起总攻，经过25天的激战，用飞机轮番轰炸，用大炮连续轰击，步兵全面拼搏，终于消灭了在黑山门、回龙山、黑勐龙负隅顽抗的日军，并于1月19日攻下敌军五十六师团设在九谷的司令部，1月20日畹町全部光复。22日占领芒友，将残余的日军大部分消灭，少部分溃逃至缅甸纵深地区，后在盟军的对缅作战中歼灭。在芒市、遮放和畹町的追歼战中，共消灭日军3000多人，远征军亦伤亡达6520人。畹町收复后，时任中国军队的参谋总长何应钦、远征军司令长官卫立煌及远征军各军师长于1月21日在畹町桥头举行了升国旗仪式，宣布中国的滇西抗战取得了最后胜利。开收复国土之先河，创全歼日寇之范例。

在中国滇西抗战的激烈战斗过程中，我国远征军和盟国军队，也在缅北战场上进行了艰苦卓绝的战斗，先后组织了胡康河谷战役、孟拱河谷战役、密支那战役、八莫战役等数十次大小战斗。在上述缅北四大战役中，消灭了侵缅日军大部分战斗力，牵制了大部分日军使其无法支援滇西作战，导致日军最后在缅甸的军队全部覆灭。

滇西抗战期间，从1937年的抗战后方到1942年变为抗战前沿，德宏人民从抢修滇缅公路、协助筑建瑞丽雷允飞机制造厂、欢送迎接远征军出国作战与撤退、沦陷期间饱受凌辱，直至支援中国远征军留守在腾冲、梁河、盈江、陇川一带开展游击战争的预备第二师作战，组织龙潞游击队、各民族村寨基层抗日群众队伍、地方爱国乡绅和土司头人抗日保乡武装力量进行游击抗战，到最后反攻时的支前，都做出了巨大贡献。

（七）德宏和平解放与自治州的成立

1. 德宏和平解放

1949 年 11 月 11 日，中国人民解放军滇桂黔边区纵队的西进部队在纵队副司令员朱家壁的率领下，占领了龙陵县。龙陵县城与原潞西县（今芒市）芒市镇相距不过 30 千米，芒市土司代办唯恐边纵部队入境，连夜派兵百余人，到两县交界处借山口堵卡。边纵部队领导坚持慎重态度，主动向他们宣传全国解放战争形势，宣传党的民族政策和统战政策，表示暂不进入边疆少数民族地区。同时，派中共地下党员去芒市宣传党的政策，做争取团结民族上层的工作。接着，滇西人民解放工作委员会于 11 月 15 日发表了《告示土司民众书》。不久，中共滇西工作领导小组负责人，在腾冲接见了干崖、南甸和盏达土司的代表。

这一时期，德宏地区到内地读书的一些青年学生返回家乡。内地也有一部分青年教师到德宏州任教。这批青年学生和教师思想进步，有的是民主青年同盟盟员，他们对学校学生、教师和县设治局的青年职工进行宣传，帮助大家认清形势，积极迎接解放。梁河县设治局的部分职工，经过了解党的政策，提高了认识，拥护全省和平解放，并于1950年1月在设治局所在地的大厂街天，组织了游行。但“反共救国军”头目公开出面镇压，并派一武装大队驻扎在腾冲与梁河交界的马茂乡，以居高临下之势，既威胁梁河进步青年的活动，又威胁腾冲河西区工作的正常开展。同时，中国人民解放军滇桂黔边区纵队第七支队的第36团正驻守腾冲。为了打击“反共救国军”的反动气焰，维护河西区人民生命财产的安全，31团骑兵队和腾冲人民政府发起了“马茂战斗”，是役活捉了敌大队长，毙敌50余人，俘敌60余人。

1950年2月保山专署派出领导同志到潞西县（今芒市），对国民党潞西县县长，芒市土司代办和芒市土司官进行工作，后又邀保山县潞江线土司到芒市，经过宣传全国形势、讲解党的民族政策、答复各种疑难问题后，他们都表示拥护中国共产党和人民政府的领导，欢迎中国人民解放军进驻芒市和怒江地区并愿协助政府做其他土司的工作。在芒市达成协议的当天晚上，双方谈判代表与各民族上层、土司署职员等，在芒市土司署草坪上举行了营火晚会。晚会上解放军方代表讲了话，芒市土司代办表示欢迎中国人民解放军和党政工作团进驻芒市。《怒江报》曾发表题为“中共政策深入边疆，芒市土司坚决拥护”的文章。

1950年3月，中共保山地委又派出领导同志分别到潞西和各土司官中进行工作，协商中国人民解放军进驻德宏地区的具体问题。

当时，准备进驻德宏的中国人民解放军41师两个团的先头部队和党政工作团的同志，已于3月下旬分别在毗邻德宏的龙陵、腾冲两县待命。协商同意后，方进驻潞西、梁河，而后进驻畹町、瑞丽、陇川、莲山和盈江县。在进驻个别土司区时，遭到了武装阻拦，虽采取武装包围，但围而不打，迫使民族上层派代表与其谈判，达成协商后方进驻；在进驻梁河，盈江和莲山县时，南甸、干崖和盏达的三个土司官，上街欢迎中国人民解放军进驻，进驻潞西县芒市时，部队和工作团中午到达，而芒市土司代办、潞西县国民党县长却挟持着土司官于当天上午离开芒市，出走境外。1950年4月初到5月，中国人民解放军和党政工作团，先后进驻到德宏各个县，接管了潞西县政府和各县设治局，完成了进驻德宏地区的任务，德宏全区实现和平解放。

2. 自治区的建立与自治州的成立

从1950年4月至1953年7月，经过中国人民解放军41师121和122两个团和平进驻德宏，省委组织民族工作队与解放军官兵通过“做好事，交朋友”疏通民族关系，团结群众帮助生产，广泛发动群众反官租，使之全面认识社会主义制度的优越性，使土司认识到只有跟着共产党走才是唯一出路。民主建政条件成熟，“要成立自治区了”这一消息像春风一样，给各族人民带来了无比的欢欣和希望。1953年7月18日，全区450名各族代表，肩负着36万人民的重托，在芒市隆重召开首届各族各界人民代表会议。云南省省长郭影秋和中共云南省委边疆工作委员会副书记王连芳莅临大会，郭影秋省长代表省人民政府致贺词，中共保山地委书记郑刚作“三年来的民族工作和今后大力发展生产的任务，特别要努力完成当前生产救灾的紧急任务”的报告，学习《关于处理带有歧视和侮辱少数民族性质的称谓、地名、碑碣、匾联的指示》，通过了《当前边疆民族区域发展生产的十五项团结生产政策》。最后慎重选出43名区人民政府委员会委员，其中傣族15人、汉族15人、景颇族8人、阿昌族和傈僳族与德昂族5人。接着召开自治区人民政府第一次会议，选出了自治区政府主席和副主席。傣族代表刀京版被选为德宏自治区主席，傣族代表龚绶、景颇族代表雷春国等7人被选为副主席。第二天，即1953年7月19日，在芒市举行了庆祝德宏傣族景颇族自治区成立大会。城镇居民、郊区农民、人人着节日盛装，欢天喜地来参加庆祝盛会，各村联防队员，背着钢枪，步伐整齐，在铓锣和象脚鼓汇织的乐声中进入会场。大家都怀着从未有过的喜悦，参加各民族自已当家做主、成立民族区域自治的庆祝大会。新选出来的自治区主席、副主席和委员们高高兴兴地在主席台前就座。刀京版主席讲了话，农民代表也讲了话。按照景颇族人民欢庆集会的习惯，鸣放了铜炮枪。庆祝会在振奋人心的、欢乐的枪声、铓声、鼓声中结束。晚上，举行了各民族联欢庆祝文艺晚会。1953年7月23日，德宏傣族景颇族自治区胜利诞生了。它标志着德宏区各族人民在中国共产党的领导下，获得了真正的民族平等，开始有效地行使着自治权利。

3. 伟大的社会变革

中华人民共和国成立后，针对德宏旧时社会经济情况，按照各民族不同的社会发展阶段，分成不同类型的地区，进行并胜利完成了社会改革。各民族共同繁荣是社会主义民族政策的根本立场。各民族要发展，都不可避免地要实行社会改革。在农业上，首先是废除封建制度，再实行社会主义改造。在旧有的生产关系和剥削制度的废墟上，去发展社会主义经济和文化，是绝对不可能的。但是，少数民族地区的社会改革，必须在各民族自愿的原则下，充分根据各民族不同的社会发展阶段、不同的民族特点和特殊情况去进行，改革的具体政策、工作方法和步骤，必须坚持“慎重稳进”方针，坚持和平改革的方法，坚持和民族上层人物长期团结、合作、协商办事，才能全面完成社会变革。

(1) 坝区和平协商土地改革

1955 年 5 月，在全国人大民委和省边委工作组帮助下，先在潞西县遮放区的 10 个乡进行和平协商土地改革的试点，摸索总结在傣族地区提高农民及各阶层觉悟的经验，反复实践各项具体政策，7月试点工作结束。1955年8月，召开了德宏自治区第三次人民代表大会，商讨在全区傣族聚居地区分批进行和平协商土地改革的工作。土改工作队到农村，和农民同吃、同住、同劳动，与广大农民建立了密切的联系，在农村广泛建立以贫雇农为核心的农民小组和农民代表会，农民代表会成为和平协商土地改革的主要组织形式和执行机构。就一个乡的范围讲，和平协商土地改革分五个步骤进行。

第一步，交代政策，宣讲和平协商土地改革的正义性和必要性。进行这一步时，需要做比较细致的政治思想工作，不断解除各种思想顾虑和错误认识。与此同时，又注意做农村基层头人的思想工作，他们大部分是劳动人民，经过教育，吸收他们参加农代会。

第二步，全面揭发控诉封建领主制度的罪恶，提高广大农民的阶级觉悟。采取背靠背的揭发、控诉封建领主制度的罪恶；用算剥削账的办法，把农民的仇恨，从封建领主个人，提高到整个阶级、整个制度；划清劳动与剥削的界限，认清民族压迫的阶级性。这些，都极大地激发了农民反封建领主制度的自觉性。

第三步，划分阶级成分。通过划分阶级成分，全面揭发封建领主、地主、富农、高利贷者的剥削罪恶，把人、阶级、制度统一起来，进一步提高农民觉悟，用政策进一步发动群众，使群众掌握划分阶级的正确标准，有领导、有控制地与封建阶级进行说理斗争。

第四步，没收、征收和分配土地。这一步十分注意加强民族团结教育，克服平均主义和本位思想。分配土地时，都是在原有耕种基础上进行。

第五步，组织建设，建立党团组织，整顿民兵联防，加强政权建设，并进行人民民主专政教育。

德宏州的和平协商土地改革，自 1955 年 5 月试点后，分两批铺开进行，到 12 月底，先后历时 8 个月，顺利完成了预期任务，其主要成果是：废除了封建领主土地所有制，实行了农民土地所有制；培养了民族干部，充实了民族区域自治机关；在边疆少数民族地区，建立了中国共产党的组织；加强了统一战线工作。总之，各阶级、各阶层思想稳定，一心团结搞生产。

（2）山区民族的“直接过渡”

中华人民共和国成立前夕，景颇族地区，包括部分德昂族地区和傈僳族居住的地区，还保存着较多的原始农村公社的特点。虽然有些地区已出现了封建地主、富农，但总的说来，土地集中的程度还不高，地主富农经济还很薄弱，即使把地主富农多余的土地全部分配给农民，每人仅能分到 40 千克稻谷产量的田；占总户 40% 的无田户，只能解决 20%；占总户 40% 的缺牛户，只能解决 15%。由于生产水平低下，社会经济落后，森林、牧场、猎区公有，旱地属村社公有的部分比重相当大，伙种原始协作的方式较为普遍，大量杀牲献鬼，更为严重地破坏着生产力的发展。虽然内部开始有阶级分化，山官制度是阻碍社会发展的因素，但是，这里突出的问题，却不是阶级关系，原始落后对生产力的束缚较之阶级关系更为突出。因此，首要的任务是要克服原始落后，大力发展生产力。

根据景颇族、德昂族、傈僳族山区社会经济

的特点，内外关系和民族关系等历史条件，党和政府决定对这类地区，不把土地改革作为一个革命运动来进行，而是采取依靠贫苦的劳动人民和比较富裕的劳动人民，结成巩固联盟，团结一切和本民族广大群众有联系的一切上层领袖人物，采取说服教育的方式，团结改造一切剥削分子，发展互助合作，发展生产，在国家的大力帮助下，逐步地改造原始落后的因素和旧有的生产关系，逐步地由限制到消灭一切剥削制度达到共同富裕、人人幸福的社会主义，实行“直接过渡”到社会主义道路的政策。

这些地区，地处祖国西南边防前沿，同缅甸克钦族聚居的村寨接壤。边民之间，属同一民族，跨境而居，来往频繁。这些地区，社会经济更为落后，根据其社会经济特点、内外关系和民族关系等历史条件，党和政府制定了直接过渡的方针，在发展生产的基础上，通过互助合作的道路，改变旧有的生产关系和落后因素，走上社会主义道路。

具体改革步骤是：

首先，改革了土地所有制。农业生产合作社

开荒生产时，在政府指定的地点开荒，不受山官辖区的限制，也不受封建领主制的约束，所开垦的水田、旱地，归社员集体所有。废除了山官制度。废除山官制度，在思想上的斗争是十分激烈的，但进行的方式却比较缓和。山官的特权剥削，一方面有坝区和平协商土地改革的影响，一方面在互助合作的劳动中逐步消除，山官制度自然形成不废而除。山官神圣不可侵犯的辖区界限，被集体开荒生产所突破，山官主祭官庙后才能动土的老规矩被科学种田、不违农时的新规矩代替。但是，每一项具体事物的前进都要经过艰苦的思想斗争和工作。

群众觉悟有了很大提高。广大群众冲破了种种旧的观念，开始从鬼灵的精神束缚下解放出来，相信自己的力量，用自己劳动的双手，建设美好的社会主义新生活。现在，官家与百姓、奴隶的观念，在人们的思想上已经淡薄，拉事头已经成为历史名词而不复存在了。

初步突破了绝对平均主义思想。办社初期，贯彻按劳取酬的分配原则比较困难，社员普遍认为没有评工记分的必要。因此，出工记天数，不分劳力强弱，也不计算劳动时间，劳动效率很低。为了克服伙干习惯和原始平均主义思想，通过各种形式和不同的具体事实，启发认识平均主义的危害。在劳动实践中，开始按劳力强弱评定等级，实行评工记分，建立生产责任制，从而逐步克服伙干习惯和绝对平均主义思想，逐渐提高经营管理水平，调动了社员的生产积极性。

减少了杀牲祭鬼。关于杀牲祭鬼，主要是对群众进行正面教育，加强医药卫生和科技的宣传工作。特别注意做好宗教师的团结教育改造工作，有的小宗教师，还对他们进行医药卫生知识教育，培养成为初级卫生人员。在祭鬼中，动员宗教师尽量减少消耗，祭品以小代大，如以猪代牛、以鸡代猪等，使杀牛祭鬼事件，大幅度下降。

开办了适合景颇族地区的耕读学校。办耕读学校是较快地普及教育、培养民族干部和职工的较好形式。景颇族、傈僳族和德昂族，一般都不识字，数字观念差，往往用豆投到竹筒或刻木结绳的办法记事记数。基于这种情况，急需用有效的办法以较快地普及教育。耕读学校就是适应这一要求而开办的。耕读学校的方针是“以教学为主，耕读并举，以耕养读”。学生对象，大部分是已超小学学龄的十四到十九岁的青少年。学习从扫盲开始，结合合作社记工分，管理工分，算分配账等进行实际操作。学习内容为日常生活知识、卫生知识等，进行民兵训练并结合生产劳动学农业科学知识，把学校办成传播先进文化科学知识的据点。经过2年学习，基本掌握汉文、民族文的应用，掌握算术、珠算的运用，能计算农业生产合作社的五本账。经过8年的努力，全州耕读学校已发展为20所，在校学生为740人，已毕业460名，景颇族学生占学生总数的80%。毕业的学生除一部分参军、参加工作和升学外，大部分学生都回到农村。他们热爱农村，掌握了一定文化知识和生产技能，成了农村各条战线的骨干。耕读学校能从当时景颇族特殊情况出发，解决了实际存在的问题，深受各族人民的欢迎。

培养提高了民族干部。在开办耕读学校的基础上，山区又办了一批农业中学和农技培训班，培养了一批发展农村经济所需要的民族干部。景颇族干部成长比较快，到1985年底，全州有景颇族干部1633名，占当年景颇族总人口98700人的

1.6%，其中州一级领导干部有6人，占全州领导干部总人数的20%左右。

经过几年的努力，在实现农业生产合作化的基础上，整个山区生产有了较大的发展。山区各民族人民食不果腹、衣不御寒的悲惨境地有了很大改善。景颇族、德昂族、傈僳族地区的发展，证明党对保留原始农村公社残余的少数民族，结合社会主义改造，完成民主革命的前进道路是正确的。

（八）近代名人与德宏

1. 民国名人事略

民国元老李根源　李根源代表国民政府到沦陷区抚慰土司时将清宣统三年（1911年）南甸城并入腾冲县改称为九保的左营划归腾冲，仍名九保（腾冲城原有8个保，左营与腾冲城相距约45千米）。少年时，即受到家庭及师长的严格传统教育。青年时期，留学日本，刻苦攻读，追求真理，创办刊物，宣传革命，为首批同盟会会员。归国后，创办云南陆军讲武堂，培养革命军事骨干，在“武昌起义”的鼓舞及推动下，李根源与蔡松坡、罗镕先、李鸿祥、唐继尧等人发动和指挥了云南辛亥起义，一举而成，树义旗于五华山之巅，推翻了清王朝在云南的封建统治，继而又积极参与讨袁护法斗争，团结议会中之国民党议员组成政学会，与北洋军阀操纵的右翼组织相抗衡。“九一八”事变后，李根源在苏州参加群众大会，发表抗日言论，支持抗日军队，捐献棉衣，救护伤员，参与营救爱国人士沈钧儒等。“八一三”爆发后，李根源与苏州绅耆数人，冒敌机轰炸之危险，驰赴前线，慰问抗日战士。太平洋战事起，日军南侵，腾龙沦陷，滇西垂危，李根源扶病奋往前线襄助军务，发表了《告滇西父老书》，表示愿随滇西父老之后，保乡卫国。当日寇强渡怒江，保山情势危急，前线指挥机构纷纷后撤之时，李根源执意不撤，并决心在危急之时蹈潭殉国。后形势好转，始移驻大理，配合驻军做反攻准备。滇西反攻胜利，腾龙光复，李根源归至腾冲，见桑梓经兵燹之后，人民生活痛苦万分，因与滇省主席龙云请求减免腾龙田赋，以苏民困。抗战胜利后，李根源辞去监察使职，颐养乡间，云南解放前，李根源由腾抵昆，适值反动派进行“九九整肃”，李根源置特务威胁于不顾，四处奔波，并面恳李宗仁签发赦令，营救了杨青田、张天放等革命者多人。新中国成立后，李根源参加人民政协会议，赞新中国的成立和人民事业的兴旺发达，并为台湾回归祖国，完成统一大业操心尽力。李根源于1965年7月6日与世长辞。他的一生是从军从政、奋斗不息的一生，在他长期的政治生涯中，先后担任过云南陆军讲武堂监督、总办，云南军政府军政总长兼参议院议长，云南陆军第二师师长，驻粤滇军总司令，农商总长，云贵监察使，代理国务总理等，新中国成立后，又荣任西南军政委员会委员、全国政协委员、全国政协文史资料研究委员会第一副主任等职。

在我国漫长的民主革命时期，李根源不仅在军事政治方面颇多建树，且在故乡文化建设方面贡献昭著。清末民初，李根源以惊人的毅力，刻苦之精神，严谨之作风，先后辑录、编纂、重刻了《明滇南五名臣遗合刊》《杨宏山存稿》《担公遗诗》《张愈光诗文集》《南园诗集》等十余种滇人之重要著作。云南“重九”起义后，李根源领兵西上，后将其经历加以记录整理，著成《西事略》一书。

流浪作家艾芜　艾芜（1904—1992年），现、当代作家，原名汤道耕，笔名刘明、吴岩、汤爱吾等，四川新繁人。1921年考入成都省立第一师范学校。1925年因不满学校守旧的教育和反抗旧式婚姻而出走，漂流于中国云南边疆、缅甸和马来西亚等地，当过小学教师、杂役和报纸编辑。1931年被英国殖民当局驱逐回国到上海。1932年加入中国左翼作家联盟，开始发表小说。在上海期间，出版有短篇小说集《南国之夜》《南行记》《山中牧歌》《芭蕉谷》以及散文集《漂泊杂记》等。作品大都反映中国西南边疆和缅甸等地下层人民的苦难生活及其自发的反抗斗争，开拓了新文学创作的题材领域。他所描写的传奇性故事，具有特异性格的人物和边地迷人的绮丽风光，使作品充溢着抒情气息和浪漫情调。

抗日战争爆发后，艾芜辗转于汉口、桂林、重庆等地，从事创作，并任教于重庆大学中文系。出版有短篇小说集《荒地》《黄昏》等，长篇小说《故乡》《山野》等，反映了国统区劳动群众的苦难、抗争和追求。艺术表现上严谨沉郁的现实主义格调，取代了以前抒情浪漫的艺术特色。

中华人民共和国成立后，艾芜任重庆市文化局长、中国作家协会理事、全国文联委员等职。他曾重走南行路，出版了《南行记续篇》《艾芜文集》等，以内容新鲜、描写生动、笔调优美而引人注目。

《南行记》是艾芜写小说第一次编成的集子，全文共25篇，既是他的处女作，又是他的成名作和代表作。20世纪初叶，颈上挂着墨水瓶的艾芜从昆明流浪到腾冲，经过梁河、盈江，沿着大盈江漂流到缅北八莫一带。在中缅边境茅草地客店打工扫马粪时，他偷闲写下了《在茅草地》《洋官与鸡》《我诅咒你那么一笑》《偷马贼》《森林中》《乌鸦之歌》《私烟贩子》等作品……于是世界文库又诞生了一本披露德宏边地风情的《南行记》。艾芜与德宏有缘，他是第一位用汉文在德宏写小说的作家，而德宏也成就了他。他在《我的旅伴》中写道："这时正是1927年春末，前夜在腾越城外息店，被窝厚厚的，还感到寒冷，而来到干崖土司管辖的傣族坝子，天气却像五六月一般炎热。头上的天空，蓝闪闪的，面前的原野，迷蒙着热雾。我知道我已经走进热带了。从云南流入缅甸的大盈江，通过原野，有时近在路边，可以望见浩浩的青碧江流，有时绕到远处去了，连隐约的江声，也不大听得见。原野两边，排着雄大的山峰……”在他的笔下，德宏美极了。于是，1981 年 3 月底他曾重游德宏，而且在芒市友谊路邂逅流浪仰光时的挚友安全师……于是又写了《南行记续篇》，讴歌了德宏的新生。他在 1983 年 6 月写的后记中说：“南行过的地方，一回忆起来，就历历在目，遇见的人和事，还火热地留在我心里。”“我始终以为南行是我的大学，接受了许多社会教育和人生哲学，所以我写《南行记》第一篇的时候，标题就是《人生哲学第一课》。”

浴血滇西战场的李弥将军　李弥（1902—1973 年），字炳仁，号文卿，黄埔四期，国民党军陆军中将（病逝后追晋二级上将）。1902 年生于云南省盈江县太平街（时为腾冲县太平街），其父为珠宝商人，弟兄八人，李弥排行第六。他小学毕业后，转去腾冲升学，就读于清末举人王承漠的私馆。黄埔军校毕业后任国民党军第二十军团长、江西瑞昌县县长、宁都保安副司令等职。

1940年任国民党军第八军荣誉第一师少将师长。1941年4月1日军进攻湖北，他奉命增援宜昌，以炮兵猛轰宜昌机场，烧毁日军飞机21架，受到舆论的广泛赞扬。1942年6月远征军反攻滇西在松山受阻，他时任国民党军第八军副军长兼荣一师师长，奉命以战地总指挥身份率部接替国民党第七十一军主攻松山。1945年6月28日晋升少将，此时担任国民党军第八军军长已将近半年。此间，他注重吸取以往攻山失败的教训，通过步炮空协调攻击、组织敢死队冲锋和工兵掘壕爆破等手段，按规定于9月7日将松山这个被日军称为“东方马其诺”的坚固防线全部攻破，打开了大反攻的前进通道。战斗结束，李弥立功受奖，被提升为国民党第八军中将军长。中华民国三十五年（1946年）6月3日中午，蒋介石夫妇由北平飞抵济南，在空军第九战区司令部设行辕，召见山东国民党军政首脑王耀武、丁治磐（第二绥靖区副司令长官）、李仙洲（第二绥靖区副司令长官）、夏楚中、何思源、庞镜塘、臧元骏（三青团山东省支团部主任）、裴鸣宇、贺执圭（第二绥靖区司令部参谋长）、李弥（第八军军长）、霍守义（第十二军军长）、陈金城（第九十六军军长）、陈宝仓（国防部第四兵站总监）、杨宝琳（山东省妇女会主任）等人。1947 年 11 月，李弥任国民党军整编第八军中将军长。1948 年春，升任国民党军第十三兵团中将兵团司令官。1948 年 9 月 22 日正式晋升为国民党军陆军中将。1948 年底参加淮海战役，兵败退到缅甸金三角地区。1954 年率大部分部队撤退台湾。1964 年以国民党军陆军中将衔退役。1973 年 12 月 7 日病逝于台北。

人类学家江应樑　江应樑（1901—1988 年），广西贺州市客家人，1927 年考入上海暨南大学，1932 年毕业后在暨大附中执教，1936 年考入中山大学研究会，在人类学组就读研究生。1937 年，中山大学研究院为深入考察百越民族，与云南省政府洽商后，决定双方各出 1000 大洋为调查经费，派江应樑以“云南边疆民族考察专员”的名义，到德宏对傣族进行人类学考察。同年秋天，他从大理骑马抵达腾（冲）龙（陵）边区（今德宏州）的第一站芒市。

千百年来，今天的德宏地区被视为化外之区、羁縻之地，由于边地僻远、高山大川的阻隔、语言的障碍，加之烟瘴丛生和土匪如毛，使得这里长期处于一种相对封闭的、几乎是与世隔绝的状态，极少有外人能进入这个区域。人们将这里视为畏途，“要进夷方坝，先把老婆嫁”“只见娘怀胎，不见儿上街”等民谣就是真实写照；就连天不怕地不怕的马哥头也不敢在夷方坝过雨季；设治局的官员们只在旱季下坝，雨水落地前就匆匆搬往气候凉爽的山区办公。然而在学者江应樑的眼里，德宏却是一块宝地。当他看到不同民族的人们穿着自己独特的服饰，在同一个街子上出售各自独特的物产，他惊叹道：“街子天就是一个民族和人种的博物馆！”

德宏地处中国内陆与南亚两大文化板块之间，受这两种文化的辐射而又有着自己独特的文明；这里有着特殊的延续了574年的世袭封建领主政治体制；这里处于自给自足的农耕经济时期，工商业才在萌芽；这里南传佛教、基督教、大乘佛教等与原始宗教奇妙共处，外来文字竟然嬗变成了自己的民族文字；这里拥有迥异于汉族地区的丰富多彩的风俗习惯，还有奇特的傣族、景颇族、德昂族、阿昌族、傈僳族、佤族及汉族等各世居民族混而不合而又相依相存的社会现象……这些都让江应梁深深地感到德宏是研究人类学的宝库。

他在芒市、遮放、勐卯、陇川、干崖、盏达、南甸7个土司区考察了5个月，经昆明转回广州时，抗日战争的烽火已烧到南方了，他在日机轰炸中写成《滇西摆夷调查报告》20万字的书稿。1938年8月广州沦陷前，他随中山大学迁入云南。不久他又以中山大学研究院和云大特派民族调查员的身份参加了当时中央赈济委员会和云南省政府组织的社会、民族、地质、生物、气象、农业、水利、卫生等多学科组成的滇西考察团，再次到德宏做了为期数月的考察。1940年写成了《滇西摆夷之现实生活》一书。1983年底四川民族出版社出版了他的力作《傣族史》。

摄影是人类学调查的重要手段，他在德宏考察期间拍摄了500多张照片，真实地记录了距今67年前德宏地区各民族社会生活诸方面的风貌，现仅存留162张。由于他拍摄的是滇缅公路通车前德宏的社会状况，所以这批照片有着极高的历史文化价值。2003年12月，德宏民族出版社出版了江应樑的遗作《滇西摆夷之现实生活》和《滇西土司区诸族图说》，这两本书的出版发行，使这些弥足珍贵的文字史料和照片得以面世和流传。

斯诺与德宏　美国著名记者、作家埃德加·斯诺，是中国人民诚挚的朋友。1928 年，他到中国后不久，在任教燕京大学之前的一段时间里，在中国大革命陷入了低潮的时候，从北京出发，走水路，经香港，最后从越南入云南，开始了他的滇缅之行。到德宏盈江时，大约是 1933 年的 9 月。盈江给他留下了极美极深的印象，一切的一切都让这位著名的美国作家处于好奇兴奋中，激动不已。年仅 24 岁的斯诺来到上海，1941 年，斯诺如实报道了皖南事变，受到国民党反动派的打击，被迫离开中国。他在旧中国的 13 年时间里，写了大量有关中国的报道，尤以描述中国工农红军二万五千里长征为主题的《西行漫记》著称于世。1930 年，他为采集新闻，在中国西南各省做长时间旅行，徒步路经大理经过滇西，到达缅甸和印度。斯诺是在昆明遇上了入滇考察多年的美国植物学家和探险家洛克后一同开始滇西之旅的。在大理，斯诺和洛克握手告别，分道而行。洛克往滇西北，斯诺往保山德宏方向继续他的旅程。斯诺到了马可·波罗称之为“金齿人”的地方。当年，那里的人镶金牙是为了好看。他在澜沧江、怒江两岸走了2个星期。陪伴斯诺的是一个经过教会训练的青年牧师，还有4匹骡子，2匹小马，2个赶骡人。让斯诺感到放心的是，通过2个赶骡人联系，他们和一队受到很好保护的去腾越的商人结伴。行程中，德宏的风光让他陶醉。连片的竹林，潺潺的溪水，路边一丛丛的蔷薇花，还有水塘中的荷花。花园般的大地让他情不自禁地想到了自己的家乡密苏里。他说这里的风光很像他的家乡，仿佛在地球的另一半走进了自己的家乡。德宏的风情让他着迷。象脚鼓独特的式样，给他留下极深的印象，他说在中国的任何地方都没见过。盈江的村寨给他的感觉是“非常清洁，好像在天堂里一般”。才一进盈江，土司就热情迎接了他。斯诺带上自己的白兰地和从大理带来的大理石屏风作为礼品参加了土司的宴会，土司反复挽留斯诺，劝他别去缅甸了，留下来在盈江教授英语。最后在月光下，他还依依不舍地作别。更让斯诺感动的是德宏人的热情好客。所到之处，人们都向他投来友善的目光。滇西的土著民族引起他浓厚的研究兴趣。

前往缅甸北部之前，他感叹这次路过滇西犹如蜻蜓点水一掠而过，总有一天要重返这块“人类学的奇境”。不过他觉得自己已是为数极少的从中国徒步到缅甸的美国人和欧洲人之一，所以感到心满意足了。1945 年、1961 年，斯诺又两次重访云南，都只到昆明及附近地区。1961 年访问云南结束时，他又唤起 30 多年前滇西之旅记忆中的场景：“会唱歌”的巨竹，长尾鹦鹉，颜色鲜艳的山杜鹃，漫山遍野的山茶，红彤彤的枫树，成群结队的猴子以及出没的野象等。后来斯诺将滇缅之行的见闻陆续发在美国的《太阳报》上，最后汇集成《马帮之旅》一书，再现了 20 世纪 30 年代滇缅古道上的真实状况。今天读来，仿佛让我们又回到了历史的画卷中。

艾思奇赴盈江传奇　艾思奇，原名李生萱，笔名先后有“小吆”“三木森”“店小二”“李东明”等。1910 年生，1966 年病逝。腾冲和顺人，著名马克思主义哲学家、教育家。抗日战争期间，

1944年9月14日，历经44天的攻城战斗，腾冲县城收复。上半年，在光复腾冲之前，艾思奇秘密从延安来到盈江，受命了解云南滇西抗战态势、调研“蜀身毒道”老路及保莲公路的相关情况、掌握其他附敌武装的思想状况，为全国范围内争取抗战的最后胜利及为制定胜利后的战略方案做前期准备。艾思奇赴盈江，当时属绝密，但后来还是让国民党知道，竟然使国民党云南省政府大为惊恐，据国民党“云南省政府训令”云：“云南奸党首要李生萱（化名艾思奇，腾冲人）于三十三年曾潜赴该区（指德宏盈江一带）活动，故现实滇西边区情形复杂，实应趁早重视。希注意为要……”更令人好奇的是，抗战胜利后国民党云南省政府居然将边区各土司向国民党中央及省政府请求将今德宏一带划为特别区，或增设行政区而选派代表方克胜、刀承钺至昆请愿之事，也与艾思奇赴盈一事相联系而“案准云南省警备司令部代电开”。

艾思奇秘密到盈江，了解各方面的情况，直接上报中央领导之事，虽鲜为人知且富有传奇色彩但却是事实。为掌握附敌武装的思想状态，艾思奇通过特殊的亲友渠道，在莲花山与思鸿升会面交谈。思鸿升对艾思奇的谈吐、举止、学识、风度敬佩之至。交谈之后，使思鸿升大有“与君一席话，胜学数十年”之感，开始改变他对国家与民族的命运与前途的看法。艾思奇赴盈江，重点了解抗日战争时期国民政府曾修筑后因经费短缺和日军入侵缅甸而停工的保山至莲山公路情况。从莲花山返回腾冲的途中，艾思奇又设法在南甸与龚统政见面。不久，游击总队常绍群部由油松岭移住梁河大厂，龚统政即归附，被委任为南甸支队支队长。

艾思奇从盈江返回延安途经昆明时，被国民党云南省政府得知，于是在昆明全城大抓捕，找借口企图抓住他。据说，当时他看到情况不妙，灵机一动，就为一包烟，借故与路边的小商贩争吵起来，被抓进拘留所关起来。等 3 天后放出拘留所，全城大抓捕已经结束。听到这一传奇，让人不得不感叹：“这的确是一个奇招啊！”

2. **中央领导人与德宏**

提起被誉为“口岸明珠”和“孔雀之乡”的德宏，也许你并不陌生。它就是位于云南边陲的拥有11526平方千米土地面积和503.8千米中缅边境线的德宏傣族景颇族自治州。虽然面积不大，但因改革开放春风的开启，使这里成为历届党中央、国务院领导和中央机关职能部门领导驻足的地方。1952年以来，特别是改革开放后的近40年间，周恩来、贺龙《赠缅甸友人》、胡耀邦、李鹏、彭冲、邓力群、王兆国、钱伟长、郝建秀、刘澜涛、杨汝岱、朱镕基、李瑞环、胡锦涛、刘华清、万里、田纪云、王芳、司马义艾买提、丁光训、吴仪、李锡铭、张震、王汉斌、邹家华、张万年、宋健、李铁映、曹志、彭佩云、宋任穷、乔石、宋平、吴邦国、回良玉、罗干、温家宝、刘云山等党和国家领导人近50余人先后踏上德宏这块五彩缤纷的热土，向德宏各族人民送来了温暖，与德宏各族干部结下深厚友谊。正是在他们的鞭策下，才成就了今天的瑞丽国家重点开发开放试验区建设。

3. 著名艺术家与德宏

据不完全统计，1952年至2016年来，先后考察、参观赏光、拍摄外景，因到德宏进行文化交流的文化艺术界名人、国际友人近150多人。著名画家李琦题词："莫道弹丸地，南疆一明珠"；著名作家魏巍挥毫称瑞丽为"中华国门"；张震将军赞誉其为"口岸明珠"；布赫副委员长题名为"东方珠宝城"；日本著名影星中野良子说是她"最喜欢的地方"；新加坡电视台、中国香港《明报》称其为"西南的小深圳"；日本《经济新闻》社记者佐腾隆二，伸出大拇指赞其为"大大的沙头角"；印度学者秋纳明亲切地说"我们和勐卯是亲戚"……正是他们用丹青妙笔，给这只"养在闺中人未识"的"金孔雀"德宏披上了绚丽的羽衣霓衫，使它的彩屏一天天靓丽起来，在沿边开放的大潮中展翅腾飞。他（她）们中我们熟悉的还有：方国瑜、江应樑、王心刚、艾芜、白杨、郭沫若、贺绿汀、杨丽萍、刀美兰、六小龄童、侯宝林、施光南、张艺谋、唐国强、陈强、李秀明、白桦、冯牧、玛拉沁夫、杨苏、崔健、刘晓庆、杨非、赵丽蓉、吴冠中、赵忠祥、候跃华、泰王姐诗琳娜、陈香梅等。

四、特色民族文化

（一）民族历史文化

德宏是中原文化和边地文化、汉族文化和少数民族文化、东方文化和西方文化、中华文化和南亚文化的交汇地，这里居住着傣族、景颇族、阿昌族、德昂族、傈僳族、佤族等世居少数民族，每个民族都有着悠久的历史文化，柔情潺美的傣族水文化、刚毅激昂的景颇族音乐文化、德昂族茶文化、阿昌族的口头文学等各具特色。各种文化在这里交融共生，和谐共荣，如同一个天然的文化大观园。在这里，会走路的就会跳舞，会说话的就会唱歌，是著名的“歌舞之乡”。傣族的“泼水节”、景颇族的“目瑙纵歌节”、中缅胞波狂欢节、勐巴娜西风情节、珠宝文化节、葫芦丝文化节等，总让人流连忘返。

1. 神话传说与创世史诗

傣族泼水节传说　傣族，是水的民族，认为

水是圣洁的，它不但能冲刷一切污秽，驱走一切妖魔鬼怪，还能消灾除病，给人带来吉祥、幸福。“泼”水就是把吉祥、幸福的水奉献给对方。因此，傣族互相泼水时，十分文明礼貌，在征得对方同意后，才用花枝或手蘸水轻轻浇洒，或是从脖颈淋下去，然后用手轻轻拍拍肩臂，祝福平安、幸福，以示尊重；男女青年则通过泼水表示爱慕，传播爱情。泼水节是个欢乐、吉祥、隆重的节日，围绕泼水节，在傣族中流传着许多优美的神话传说。泼水节是个富有悠久历史内涵和浪漫色彩的节日，就像有关它的故事传说一样美丽、动人，令人陶醉；那迷人的传统习俗，犹如亚热带原始森林一样神秘，令人向往。

相传，远古时代，在傣族居住的勐巴娜西，有一个凶恶的魔王，它残害生灵，作恶多端，给傣族人民带来了无穷的灾难；他神通广大，无人降伏得了他。魔王抢来七个美丽、善良的姑娘做他的妻子，妻子们对他的作恶多端恨之入骨，她们商议着除掉魔王。聪明的第七个妻子，甜言蜜语，用酒灌醉了魔王，并从魔王口中打听到他致命的弱点。夜里，等魔王熟睡后，美丽的七个姑娘，拔下魔王头上的一根头发，勒住他的脖子，魔头滚落地下，一命归西。但魔头一落地，地上就燃起熊熊烈火，无法扑灭；她们又把魔头抛入河里，顿时江河湖海，腐水横流，泛滥成灾，继续祸害着人间。善良的七个姑娘，只好轮流抱着魔头，不让魔头落地，她们相约每年傣历六月在春暖花开时节轮换交接。傣族人民为了感谢这七位美丽、善良、为民除害的姑娘，就把她们交接的这一天叫作“尝建”。每年到了这一天，人们都要浴佛赶“摆”，送旧迎新、相互泼水，意思是用清净、吉祥的圣水为这七位姑娘洗去身上的血污，洗除疲劳灾害，表示感激和祝福，祈求人间来年幸福吉祥，期盼风调雨顺、五谷丰登、国泰民安。

新中国成立后，久负盛名的古老泼水节，重新焕发出了生机。1984 年 4 月德宏州第八届人民代表大会第一次会议通过，决定每年清明节后第七天为德宏州傣族泼水节的法定节日。每年 4 月，祖国的北方刚银装卸去，冬寒未尽，孔雀之乡——德宏州却早已百花盛开，春意盎然。傣族的泼水节恰在这个鸟语花香的季节——清明节后第七天悄然来临。

泼水节是傣族最盛大的传统节日，在这万物争春的佳节里，傣族男女老少都要穿上节日的盛装赶大“摆”，举行浴佛和互相泼水祝福。白天城乡各地处处吉祥水花飞舞，笑语连天，一片欢腾，晚上村村寨寨唱傣戏、嘎秧弄（跳傣族集体舞）、放孔明灯，彻夜不眠。大泼三天，小泼七天。

改革开放的东风，促进了人们思想观念的转变和更新，泼水节这个民族传统节日，从形式到内容，都进行了许多变革和充实。一年一度的泼水佳节，各个民族聚集在一起共同欢度，并成为国内外和边疆各族人民广泛交流经济文化、信息技术和思想感情，增进民族团结，开展多种形式的横向联合的桥梁。

目瑙纵歌传说　“目瑙纵歌”有个美丽而古老的传说故事：在远古时代，人们是不会跳“目瑙纵歌”的，只有太阳的子女才会跳“目瑙纵歌”。有一次，太阳公公派使者来邀请地球上万事万物去太阳宫参加他们举办的大型“目瑙纵歌”盛会，地球上派了孔雀、犀鸟等鸟雀前往参加。

太阳宫里的“目瑙纵歌”结束后，鸟雀们告别了太阳王和太阳王的子女们，在返回地面的途中，它们走过茫茫的原始森林的时候，看见黄果树上结满了熟透的果子，它们很高兴地吃饱果子后，就有鸟雀建议像太阳子女一样跳“目瑙纵歌”，并推选了犀鸟担任“闹双”。但是，犀鸟的舞姿不够优美，最后改选了美丽的孔雀担任“闹双”，还选了最能团结各种鸟的“省瓦”鸟当“闹吧”，举行了地球上第一次鸟类“目瑙纵歌”舞会。

景颇人的祖先宁贯娃和妻子听到鸟雀们跳盛大的“目瑙纵歌”的消息后，赶忙跑去偷偷地观看，顿时被百鸟热烈优美的歌舞所陶醉，百鸟们舞蹈的姿态，步伐和形式，深深地印在了他们的脑海里。回到寨子后，他们决定也学鸟类跳“目瑙纵歌”。他们选择了宽阔平坦的地方作为“目瑙纵歌”场地，树立起了“目瑙纵歌”标志，在农历正月十五举行了人间第一次“目瑙纵歌”盛会。这个消息被汉族朋友听到后，特地送了龙袍来祝贺。这一天，人们穿上了节日盛装，打起了木鼓敲响了铓锣，吹起了竹笛，奏起了“洞巴”，汇集在舞场，排成长长的队伍，模仿鸟雀的舞步舞姿，男人边跳舞边挥长刀，女人抖动棕树叶，尽情地欢歌起舞，一直跳了三天三夜。景颇人学会跳“目瑙纵歌”后，变得更聪明更勇敢，生活也一天天地好起来了。从此以后，“目瑙纵歌”就成了景颇人民驱恶扬善，祈求来年风调雨顺、人畜兴旺、五谷丰登，预祝吉祥幸福，欢庆丰收胜利的节日，景颇人把“目瑙纵歌”与理想、愿望连在一起，把每年的正月十五作为节日。“目瑙纵歌”就这样一代一代传下来了。

今天，景颇族的“目瑙纵歌”已成为中华民族文化活动的一个组成部分，成为各民族团结和睦的“桥梁”“纽带”和民族商品经济交易的场所。2006年，“目瑙纵歌”被联合国教科文卫组织命名为人类非物质文化遗产。

“目脑纵歌”文化思想的变迁也使这个民族进入了新的发展阶段。如今已不再是山官制度了，平等思想改变了景颇人，他们也不再养奴隶了。“目瑙”的承传，已成为新的民族文化传统和精神力量。

德昂族龙阳节传说　在漫长的社会历史发展过程当中，中缅两国的德昂族都一直流传着关于龙阳文化起源“衮思哎·玛腊嘎”的神话传说。德昂语中“衮”为父亲之意，“思哎”为太阳之意，“衮思哎”就是太阳父亲的意思；德昂语的“玛”为母亲之意，“腊嘎”意为青龙，“玛腊嘎”就是青龙母亲的意思。传说远古时期，在原始森林居住着一位德高望重的法师名叫苏皖那碟那及徒弟居木德瓦哈那。弟子继承了师父的衣钵，善于在空中腾飞。有一天，在追逐羚羊和马鹿玩耍的途中，他听到了清纯美妙的歌声，顺着歌声传来的方向走到明德瓦度湖畔时，被湖中洗浴的七位美如仙女的龙姑娘迷呆了，居木德瓦哈那情不自禁地跑到湖边与龙姑娘寒暄起来，大姐和居木德瓦哈那一见钟情，当他俩正在约会时，姐妹们便消失在湖中。夜幕降临时，一对情人依依不舍，便在湖岸的“町卡如那”岩洞里住下。数月后，龙姑娘怀孕了。一天，居木德瓦哈那从外面回来，突然发现床上躺着一条金光闪闪的巨龙，顿时吓坏了，晕倒在地上，醒来时却已经睡在妻子旁边。居木德瓦哈那询问了所发生的一切，龙姑娘不愿说出自己的身世。面对眼前的事实，居木德瓦哈那感到惊恐不安，万分难过地对龙姑娘说了一句

“我们不能在一起生活了”，随后直向天上的太阳飞去。后来，龙姑娘生下三男三女，分别为三个男孩取名为：“达昂当（波弄）崩龙”，即老大；“达昂弄（波浪）布朗”，即老二；“达昂佤点（波佤）阿佤”，即老小。长大之后便让他们结婚。大的娶大的，小的娶小的，并告诉他们必须永远都要记住：你们的父亲是太阳，母亲是青龙。从此以后，德昂族就认为太阳是自己的父亲，表示将光和热送到人间；把青龙认为是自己的母亲，象征着风调雨顺，五谷丰登。为了纪念自己的父亲和母亲，德昂族人民将每年的农历正月十九作为自己的传统节日，即龙阳节，德昂语称“喇定节”（母亲节）。“衮思哎、玛腊嘎的传说实质就是德昂族起源于岩洞中的龙，而龙又是中国文化的象征，这就证明了德昂族与中国其他民族之间早已存在文化上的渊源关系，德昂族是中华民族多元一体结构中的一元”。中缅两国的龙阳传说表现在口传文学中，也表现在生活、祭祀、节庆等民俗活动中。

佤族与德昂族葫芦起源传说　同属于南亚语系孟高棉语族的佤族、布朗族与氐羌族系的阿昌族都有葫芦繁衍人类的传说。在德昂族中也广泛流传着祖先是从葫芦（或岩洞）里出来的传说：从葫芦里出来的人，长得一模一样，分不出你我。后来有一位仙人把男人的面貌区分开来，男人们又用藤篾做成腰箍，套住出了葫芦就满天飞的妇女。从此妇女都戴腰箍，并且与男子一起生活。故事所说“男人都是一个模样，分不出你我他”，即反映了每个妇女可以和任何男子结合，因为他们都是一样，没有必要选择。这或许反映了一群兄弟和一群姊妹之间不分彼此的婚配，没有固定配偶的状态。“后来有一位仙人把男人的面貌区分开来”之后，妇女方才从具有不同面貌的男子中选择配偶。妇女有权选择男子，婚姻的主动权操在妇女手中，所反映的是“母系家庭”（或母系氏族）时代的情况。德昂族还传说：过去是妇女串寨子，男子在家做家务、编竹器，是这个传说的原型表现。有一天晚上，男子们一个竹篮都还没编完，妇女已串过七户人家，这引起了男子们的不满，从此男子就叫妇女守家，由他们去串寨子。这个故事反映着从母系家庭转变为父系家庭的概略记忆。

而只有到男子想出了办法，“用藤篾腰箍把妇女套住，妇女才和男子一起生活”的时代，父系家庭才算最终确立起来。它从一个侧面也反映了德昂族古代社会历史发展的缩影。

德昂族天王地母传说　传说混沌初开时，世上只有花草树木，没有人类。在天界有一株茶树，想去装点荒凉的大地。于是智慧女神考验了它，让狂风吹落它的102片叶子，折毁它的树干。茶树叶在狂风袭击中发生了微妙的变化，单数变成了51个精明强干的小伙子，双数变成51个美丽的姑娘，他们在空中轻盈地飞翔。几万年过去了，兄妹们经受住了无数凄风苦雨的磨难，谁也没有动摇、退却，于是帕达然施展神威，赶退了洪水，露出了奇形怪状的大地。但大地上却充斥着瘟疫恶魔。兄妹们团结奋战，经历了一万零一次磨难，终于驱逐了所有的魔鬼，使大地清平、安康。但50个姑娘因解去了腰箍，便和50个小伙子飞回天界，最小的一个叫亚楞的姑娘，仍系着腰箍，便和达楞一道留在大地上。他们开始繁衍人类。开始时人类住岩洞、吃野果，后来学会了盖竹楼、种五谷。

从此神话中可看出，德昂族从吃野果到靠吃五谷为生的过程，正反映了德昂族的祖先最初过着原始采集的经济生活，经过一个漫长的时期，才过渡到农业经济时代。更有趣的是，该神话把德昂族尚茶的习俗与民族起源的历史紧密结合起来，对自己民族的起源形成了一个美好的传说。

除民族起源神话传说外，德昂族还有《藤篾腰箍》《不献坟的传说》等生活习俗传说，以及《神女浴》《达惹木卡》等关于泼水节和小乘佛教的一些教规产生的传说。

景颇族“目瑙斋瓦”史诗　“目瑙斋瓦”史诗是景颇族人口述流传下来的类似《创世纪》《山海经》的著作。从景颇人的祖先、人类的形成、宇宙天体，地球形成等讲到今天的人类与民族的形成等，是有关宗教与民族历史文化的著作之一。

景颇人的《目瑙斋瓦》史诗中讲到地球，是从小变大的过程，从混沌期变化到形体期的过程。有一个能通万事的智者和创造者，叫“上帝”（Karai Kasang），也叫“hpan wa ningsang chye wa ningchyang”，先创造了光和黑暗。目瑙纵歌图腾标志碑，太阳碑和月亮碑。大地之外还有“天国”的传说，在大地下层还有小人国，地下之国等传说。史诗中还讲到洪水洗净人类的不义，景颇人是从葫芦里面出来的等传说。一般能完整地讲述完“目瑙”史诗的人，都被尊称为“Jai Wa”. 目瑙斋瓦（Manau Jai Wa）是景颇民族原始宗教领域里最高的祭师职称：“米推”Myihtoi，先知，其次是“董撒”Dumsa，为一般祭师。还有祭司“HKyinjong”，他们都是景颇族口述历史的传承人。

2. 傈僳服饰来历传说

（1）“欧勒”帽头饰

关于傈僳族妇女的“欧勒”帽头饰有一个动人的传说：很久以前，人间遭遇干旱，饥饿夺去了无数人的生命。有一对失去双亲的青年男女，带着仅有的一把长刀、两升米和一只大公鸡，跋山涉水去寻找能生存的土地。他们来到了一个山清水秀的地方安了家。姑娘为了给小伙子织一套舒适合体的衣服，跑遍群山，采来麻纺成麻线，终于织成了一件横纹长衫，送给了小伙子。在姑娘辛劳的日日夜夜，小伙子也在悄悄地为心上人物色着礼物。当他看到美丽的姑娘在劳动时，山风常常吹乱她的长发遮住双眼，发丝刺得姑娘的眼睛不停地流泪，便有了主意。夜里当他看见明月高悬，那么的美丽，便决定用像月亮那样洁白光滑的东西做成一顶能拢住姑娘长发的帽子。小伙子听说唐古拉山下有像月亮一样洁白的砗磲壳，人们常用它来做装饰品，于是下决心去寻找它。历尽艰辛，他终于得到了美丽的砗磲壳，而后他便不分白天黑夜地打磨起来。功夫不负有心人，他终于磨出了一大堆又白又亮的砗磲片。小伙子从山上采回了五光十色的树果子，用姑娘搓出的麻线，把这些砗磲片和果子分别穿成串，美丽的“欧勒”帽终于完工了。在一个明月当空的夜晚，小伙子捧出它戴在心爱姑娘的头上。从此“欧勒”帽便成了傈僳族小伙子们赠送给心上人的定情物，一直流传至今。

（2）花包头漆箍

传说傈僳族男子男式盘结的篱笆花包头，喻示在一次战斗中，挡住了敌人的大刀。还有漆箍，原来是固定套腿的几根细藤圈，传说有一次，傈僳族勇士战败被敌人抛下悬岩时，藤圈刚好挂住树，勇士因此得救，反败为胜。因为包头和藤圈的作用这样大，傈僳族汉子便把三丈长的包头增至五丈长缠在藤篾编制的托子上。藤圈从数十圈增至上百圈，名为漆箍。

(3) 海贝带花包与服饰来历传说

海贝带花包，傈僳语为“依吗哑吓”，当时海贝是货币，而且海贝颗粒很小，一位傈僳妇女恐丈夫外出丢失钱币，于是将海贝钉在一块白布带上，战斗时被敌人围攻，敌刀向他砍去却伤不到他，只闻叮当声响，敌人反而被其消灭。胜利后才发现是戴海贝带发挥了作用，后来傈僳族男子们兴起海贝带花包，且由百粒增至500粒，钉得比原来密集，花样各异。服饰来历传说，傈僳族女服饰也有美丽神奇的传说：古代有一位勇士去参加战斗，后多次荣立战功，那时规定一等奖挂红布、二等奖挂黄布、三等奖挂白布。勇士每次受奖都寄回家中，妻子收藏后怕丢失，就缝制成衣服。每当想念丈夫时就将这衣服穿起来，发觉衣服非常美丽大方、新颖，加上奖励的光荣，爱不释手。这事很快在傈僳族妇女中引起轰动。此后，逐渐兴起穿这种衣服，以此作为时髦。后来又增加许多装饰，钉上海贝和素珠果。而傈僳族妇女腰系的“龙尾尖”也有个美丽的传说。传说一个孤儿和一个有钱的人下河支“留通”（渔具），即一棵直径6厘米的水管，一头做水口一头套鱼笼，专用作拿鱼的器具。孤儿到哪里支“留通”都被有钱人拔起，说是他的塘口（事先选好的位子）。孤儿只好把“留通”架在树杈上。过两天发现有钱人的“留通”全被大水冲散，而孤儿的“留通”倒反关住了一条红鱼。孤儿把鱼拿回家养在大水缸里，几天后红鱼变成人为他烧火做起饭来，并要与孤儿成亲。孤儿因穷不敢答应。红鱼却用尾巴一摇变出了房子和许多物件（家庭摆设用具）。后来鱼女和孤儿成了亲，两口子过得很幸福。但是这引起有钱人的忌妒，活活捉走了善良的鱼女，鱼女走时孤儿只抓住鱼尾巴。后来孤儿又回到了贫穷的日子。为此，人们痛恨恶人，纪念鱼女，用布做成鱼尾系在腰间，得名“龙尾尖”。由此形成了丰富多彩的傈僳族传统服饰。

阿昌族创世史诗（参见：第二节的非物质文化遗产的“民间文学类非物质文化遗产”第1个）

（二）非物质文化遗产

联合国教科文组织在《保护非物质文化遗产公约》中将各群体、团体、有时为个人所视为其文化遗产的各种实践、表演、表现形式、知识体系和技能及其有关的工具、实物、工艺品和文化场所定为非物质文化遗产。非物质文化遗产包括民间文学、民间音乐、民间舞蹈、民间美术、传统医药、传统戏剧、曲艺、杂技与竞技、民俗、传统手工技艺等10个类别。

我国的非物质文化遗产保护体系分为四级：国家级，省级，市级及县级。截至2016年4月，国家级的非物质文化遗产名录共批准了4批。目前我国总共有1374项国家级的非物质文化遗产，其中云南省共有34项国家级非物质文化遗产，德宏州有13项国家级非物质文化遗产。

德宏州位于云南省西部，是典型的多民族聚居的地区，主要有傣族、景颇族、汉族、傈僳族、阿昌族、德昂族、佤族等民族。多民族聚居造就了德宏州独特的民族文化氛围，成就了联合国人类非物质文化遗产名录1项、国家级非物质文化遗产保护名录13项、省级非物质文化遗产名录18

项、州级非物质文化遗产名录97项、县市级非物质文化遗产名录64项。其中13项国家级非物质文化遗产分别为:《遮帕麻和遮咪麻》《达古达楞格莱标》《目瑙斋瓦》和傣族孔雀舞、傣族象脚鼓舞、傣剧、傣族剪纸、阿昌族户撒刀锻制技艺、泼水节、景颇族目瑙纵歌、德昂族浇花节、傣医药(睡药疗法)、德昂族水鼓舞。按类别大致分为民间文学、民间舞蹈、传统医药、传统戏剧、传统美术、传统手工技艺、民俗等7个类别:

1. 民间文学类非物质文化遗产

(1)《遮帕麻和遮咪麻》

2006年5月20日,《遮帕麻和遮咪麻》经国务院批准列入第一批国家级非物质文化遗产名录。《遮帕麻和遮咪麻》是阿昌族有口皆碑、家喻户晓的创世史诗,是一部对阿昌族子孙传习教化的教科书,主要以唱诗和口头白话2种形式流传。该诗包括了造天织地、人类起源、补天治水、降魔除妖和重整天地。按照一般神话分类,它既涵括了创世神话、人类起源神话、洪水神话,也包含了人祖英雄神话。讲述《遮帕麻和遮咪麻》是阿昌族火塘文化的精髓,每到夜幕降临时,阿昌族的一家人就会聚集在火塘边，听老人讲述《遮帕麻和遮咪麻》。在阿昌族的宗教祭祀以及民俗活动时，都要念诵《遮帕麻和遮咪麻》。《遮帕麻和遮咪麻》是阿昌族文化发展的一座丰碑，被阿昌族誉为“我们民族的歌”。

（2）《目瑙斋瓦》

2011 年 5 月，经国务院批准列入第三批国家级非物质文化遗产名录。《目瑙斋瓦》是流传于景颇族民间的一部创世史诗，融神话、传说、诗歌于一体，是景颇族一部活的口碑历史。《目瑙斋瓦》展现了宇宙、神灵与人类之间亲密和谐的关系，向人们构筑了一个可以无限幻想的空间，是景颇族先民认识、改造大自然与人类社会和谐共处美好愿望的集中体现，是景颇族人民英勇顽强、不屈不挠的民族精神的象征。景颇族原来没有文字，《目瑙斋瓦》是通过口头传诵的方式流传下来，是历代斋瓦们保存下来的宝贵口述史料。

（3）《达古达楞格莱标》

2008 年 6 月 7 日，《达古达楞格莱标》经国务院批准列入第二批国家级非物质文化遗产名录。《达古达楞格莱标》是流传于德宏州、保山市隆阳区潞江坝乡和临沧市镇康、耿马、永德、双江县，以及缅甸掸邦、佤邦一带德昂族民间的一部创世神话史诗，是迄今德昂族发掘、整理并出版的唯一一部创世史诗，有口碑和傣文抄本 2 种流传形式。《达古达楞格莱标》运用民间神话的形式，采用诗歌的语言，描绘出德昂族远古时期的荒凉、悲壮，被誉为“洪荒时代的古旋律”。《达古达楞格莱标》史诗反映了德昂族对茶叶的自然崇拜，因为德昂族将茶叶作为植物图腾的观念比较古老，由此推断《达古达楞格莱标》的初创时间很早，更加凸显了其珍贵的文学价值和文化价值。

2. 民间舞蹈类非物质文化遗产

（1）傣族孔雀舞

2006 年 5 月 20 日，傣族孔雀舞经国务院批准列入第一批国家级非物质文化遗产名录。傣族孔雀舞是傣族文化的重要标志，是中华民族文化的重要组成部分。我国傣族民间舞中最负盛名的传统表演性舞蹈，流传于多个地区，但是以云南西部瑞丽市的孔雀舞（傣语为“嘎洛勇”）最有代表性。通常在本族的民俗节庆、宗教集会、喜庆丰收、赶摆等场合时节，为增加节庆的热闹气氛，庆贺吉祥都盛行跳孔雀舞。

（2）傣族象脚鼓舞

2008 年 6 月 7 日，傣族象脚鼓舞经国务院批准列入第二批国家级非物质文化遗产名录。象脚鼓是傣族标志性的打击乐器，而象脚鼓舞则是傣族流行最广泛、表演水平最高、最具代表性的传统民族舞蹈之一。凡节日庆典、赶摆（宗教集会）、庆祝丰收、娶亲嫁女、新房落成、迎接宾客等，都要跳象脚鼓舞。所以傣族把象脚鼓称为“滚熬”，意为“人的影子”。

（3）德昂族水鼓舞

2014 年 11 月 11 日，德昂族水鼓舞经国务院批准列入第四批国家级非物质文化遗产名录。水鼓，是德昂族人最喜爱的一种乐器，一头粗一头细，用牛皮蒙成鼓面，鼓身中间有一个小孔，在敲击之前，先要往鼓内灌进一些水，让鼓皮、鼓心湿润，然后将水倒出来，再进行敲击，鼓的共鸣声音将更理想。每逢佳节和喜庆之日，德昂族群众必挎木鼓而舞，以祭祀祖先，祈求风调雨顺。

3. 传统医药类非物质文化遗产

傣医药（睡药疗法），又称为“暖雅”。2008

年6月，睡药疗法开始申请非物质文化遗产，最后被国务院批准列入第三批国家级非物质文化遗产名录。傣医药是傣族人民在长期生产劳动过程中与疾病做斗争创造的医学科学，是我国四大少数民族（藏族、蒙古族、维吾尔族、傣族）医药之一。睡药疗法是将傣药加热以后放在床上，让病人直接躺在药上，盖上棉被，以达到通血活络、祛除风湿、治疗疼痛的功效。

4. 传统戏剧类非物质文化遗产

2006年5月20日，傣剧经国务院批准列入第一批国家级非物质文化遗产名录。傣剧距今已有100多年的历史，是傣族文化长期积淀的艺术结晶。每逢节庆日或村寨举行大的活动，众人都以能看到傣剧为荣，即使请不到专业剧团，也要请业余剧团登台助兴。

5. 民俗类非物质文化遗产

（1）泼水节

2006年5月20日，傣族泼水节经国务院批准列入第一批国家级非物质文化遗产名录。傣族泼水节傣语通常称“摆爽朗”，意为泼水、洒水。而其作为南传上座部佛教的重要节日，则称为

“赏见”或“摆赏见”，系巴利语，意为过年。源于佛经故事《浴佛节的来由》，并以佛的化身“赏见”为浴佛节的代称，故泼水节又有浴佛节、佛诞节之称。泼水节有过年、礼佛、祈雨、迎春耕、祝愿人畜兴旺和五谷丰登之意，是巴利语系佛教文化圈内一年中最盛大、隆重的节日。

（2）景颇族目瑙纵歌

2006年5月20日，景颇族目瑙纵歌经国务院批准列入第一批国家级非物质文化遗产名录。目瑙纵歌节是景颇族最盛大、最隆重的民族节日。它是为祭祀景颇族的太阳神“木代”而举行的最隆重的祭祀活动，同时也是景颇族传统的节日。节日到来时，三山五岭的景颇族群众都相聚在一起纵情歌舞，跳目瑙纵歌舞，人少则上千，多时过万，故又称为万人之舞。

（3）德昂族浇花节

2008年6月7日，德昂族浇花节经国务院批准列入第二批国家级非物质文化遗产名录。德昂族浇花节是德昂族一年一度的传统佳节，于清明节后第七天开始，历时3天。仪式由寨里的长老主持，男青年敲响象脚鼓，女青年合着鼓点跳起

“堆沙舞”。其他群众身背精致的小花篮，手捧竹水筒举过头顶，依次往水龙槽里倒水，为佛像冲浴，祈祷来年风调雨顺。

6. 传统美术类非物质文化遗产

2006 年 5 月 20 日，傣族剪纸经国务院批准列入首批国家级非物质文化遗产保护名录。傣族剪纸是一门较古老的手工艺术之一，剪纸多用在佛殿的门窗、佛伞、佛幡及演出道具、节日彩棚、泼水龙亭以及居家装饰等方面。喜庆节日时用红、黄、蓝、绿、金等彩纸剪纸；丧事则用白色；在供寨头神“召贺芒”与领兵神的小庙里则全部使用白色剪纸。

7. 传统手工技艺类非物质文化遗产

2006 年 5 月 20 日，阿昌族户撒刀锻制技艺经国务院批准列入第一批国家级非物质文化遗产名录。阿昌族户撒刀与新疆维吾尔族的英吉萨刀、宁夏裕固族的保安刀，并称全国三大民族刀具。从明朝开始，阿昌族就已形成了独具特色的户撒刀技艺。即使在社会化、机械化的今天，户撒刀依旧是民族的瑰宝。

（三）南传上座部佛教文化

德宏傣族信奉小乘佛教（即南传上座部佛

教）。分摆奘、朵列、摆润和左底4个教派。

佛教在傣族人民心中不仅仅是宗教信仰的问题，而且对人的生活起着支配作用。婴儿降生，得请佛爷取名；男孩长到七八岁要进奘房学习；结婚、建房、疾病、丧葬等，都得请佛爷诵经。傣族在每年诸多的宗教节日里，得停止生产参加宗教活动。

摆奘、朵列、摆润和左底4个教派学说和教义相同，但戒律的宽严程度不同，因而各派教徒在生活方式上也不尽相同。

摆奘最基本的戒律是“五戒”，即不杀生、不淫乱、不妄言、不偷盗、不饮酒。该教派信徒占全州南传佛教信徒总数的50%以上；朵列的教规、教义与左底教派基本相同，分“苏探玛”和“睡晋”两派，信徒约占全州南传佛教信徒总数的33%；摆润又称“耿润”，分为“润罢”“润顺”两派，与临沧、西双版纳傣族信奉的“耿润”同为一个教派，其教义、教规基本与摆奘相同，全州“摆润”信徒约占全州南传佛教信徒总数的12%；“左底”僧侣在日常生活中有极严格的戒律，信徒仅占全州南传佛教信徒总数的3%。

佛寺建在远离村寨的僻静处，僧侣四方云游。出行只携带一把油纸伞，披一件黄红色袈裟，睡觉不用被褥，不随意进他人家。凡信仰左底派的村寨，除耕牛外，不得养牲畜和家禽，禁狩猎、捕鱼，见到“召闷”“召吉”，行跪拜大礼。“左底”派还明确规定信徒不准种植和吸食鸦片，严禁饮酒。近年来，随着时代的发展，“左底”的戒律已有所宽松，信徒家中普遍养猪、养鸡、养鸭。

德宏傣族地区现有500多座奘房，其建筑形式分为3种，即傣式、傣汉式和汉式。傣式奘房主要分布于农村，傣汉式和汉式奘房多出现于城镇、交通沿线或较大的村寨。

傣汉式奘房一般出现在交通沿线，是德宏特有的一种文化景观。由于德宏位于华夏黄河文明与印度恒河文明的交汇之地，傣汉式奘房便是黄河文明、恒河文明以及傣族传统文化相互糅合的产物。这些奘房的大门，往往有门神把守，门神关公、秦琼，是汉族家喻户晓的传奇性历史人物；大殿内端坐着佛祖释迦牟尼，却是印度恒河文明的代表；而奘房的建筑又保留着傣族的传统风格。

汉式奘房完全借用汉族建筑风格建造的，从

基础、墙体、屋顶到梁柱、门窗等都表现出汉族宗教建筑的特点。这种奘房的数量不多，以芒市五云寺、佛光寺和瑞丽芒约佛寺为代表。“五云寺”因门前有五棵大青树，树上常年栖息着许多白鹭，远看犹如五朵白云，五云寺因此得名。傣族称为“奘罕”，意为“金寺”。始建于清康熙四年（1665 年），是芒市坝现存建立最早的奘房。

德宏著名的佛塔主要有盈江允燕佛塔、陇川景坎佛台佛塔、瑞丽姐勒金塔、芒市勐焕大金塔、芒市树包塔、芒市风平佛塔、瑞丽弄安鸭塔等。

在德宏傣族地区，男孩到了 7 岁，就可送奘房做“嘎比”（意为学僧）。经奘房长老同意，为男孩剃度，便开始学习傣文和佛教基本知识，并做一些扫地、挑水、拾柴之类的杂务，穿俗服，食宿在奘房。经过 1 年左右的学习，“嘎比”将面临 2 种选择：要么回家务农，要么留在奘房当和尚。如果选择了后者，就要择日举行晋升“召尚”的仪式。

奘房中的僧侣，一般分为召尚、召长、召几、召崩 4 个等级。其中，召几、召崩属于奘房里的高僧，被尊称为“大佛爷”。如果是结过婚的人出家，水平再高也不能升为大佛爷。

做摆是流行于德宏地区的一种宗教盛典，傣语叫作“摆帕拉”，意思是为通往佛国天堂做准备。傣族一生节衣缩食，稍有储蓄，就要做摆。他们认为“做摆”是人生的一件大事，一方面做摆是对佛的最大功德，表示对佛的虔诚；另一方面做摆是积蓄福禄财宝，死后可享受，家人可入佛国；再一方面做摆后自己得以“帕嘎”称呼（即无限忠于佛祖的佛门弟子荣誉称号）提高了自身的社会地位，获得人们的尊重与羡慕。

贝叶经最早起源于古代印度。据专家考证，认为贝叶经是公元7世纪前后先经缅甸、泰国后传入我国云南的德宏、西双版纳等西南边疆少数民族地区的，目前发现存有贝叶经的国家有中国、印度、泰国、缅甸等。

德宏的贝叶经分为2种，一种是用贝多树叶制成，另一种是用露兑子（塔扇树）叶制成。贝叶经就是用铁锥笔刻写在经过特制的贝叶树叶片上制作而成的。贝叶的优点：由于厚实防虫蛀，久而不枯，韧性好、不易断裂、易保存，不会剥蚀或产生字迹模糊等现象，这些优点比用纸张和笔墨书写还显优。贝叶经做工精细，规格统一，加上金粉和彩漆的装饰，给人一种精湛、古朴、大方、美观的感觉，它不但字迹清晰，而且擦抹不掉。贝叶经经过水煮等特殊工艺处理，可以防虫、防水、防变形，经久耐用，可以保存几百年甚至上千年。在德宏发现的贝叶经，有巴利文、德宏方形老傣文和圆形缅傣文等。傣文贝叶经是我国珍贵的文化遗产，记载有佛教经典、天文历法、社会历史、医药、文学艺术等多方面内容，被称为"运载傣族历史文化的神舟"。古籍普查中，发现德宏州的大多贝叶经还未译成汉语，只知道刻写了佛教经典《三藏经》《召为善达纳》《召玉托达纳》《兰嘎西贺》《召树屯》及傣族的三大悲剧《线秀》《月罕佐与冒弄养》《娥并与桑洛》等。这些藏经形成了中华文化中极具特色的地方性民族文化，成为傣族文化的百科全书。

（四）其他特色文化

1. 傣族农耕文化

傣族作为百越民族后裔，历来以农耕为本，在悠久的历史发展过程中，创造了灿烂的农耕稻作文化，其先民最早进行了野生稻的人工驯化和栽培，对我国的农业发展做出了重要贡献。与此相适应的一套完整的农村公社制度及后来在此基础上形成的农奴制度，便成为傣族农业发展的重要特点。同时，傣族是我国乃至东南亚诸民族中最早从事牛耕水田耕作的民族之一，具有一套历史悠久的稻田耕作农具、耕作方法（含牛耕与象耕）和完善的水利设施系统。在长期的生产实践中，傣族人通过与其所处的自然环境的相互调适，创造了一套独具特色的农耕文化。这一文化体系渗透着傣族人依靠自然，尊重自然，遵循自然法则的农耕理念，具有深厚的自然农法思想。这种自然农法思想既与傣族人的生态价值观念密切关联，又充分体现着他们的文化特性，贯穿于傣族人的生产与生活形态中。

傣族种植稻谷的历史非常悠久。德宏各个坝区土地肥沃，气候湿热，雨水充沛，正是栽种稻谷的好地方。多年以来，这里的傣族人民培育出了许多优良的稻谷品种，大略可以分为糯谷和吃谷两大类。糯谷黏性极大，德宏傣族多用来制作各种糯食和酿酒。糯谷的品种有红糯、黄糯、紫糯（又名鸡血糯）、香糯、撒垫糯、长芒糯和金丝糯等。吃谷又叫作饭谷，黏性小，是日常生活中天天煮饭用的米。吃谷的品种更多，而且多数没有汉语的对应名称，只好意译或音译。大略有黑皮谷、红谷、沙鳅谷、长芒谷、牛屎谷、饵食谷、安隆谷、比相谷、安乃谷、保欢谷、木须谷、麦累谷、洼来谷、节海谷等。品种繁多的由这些稻谷碾成的优质大米各有特色。古时遮放米要进贡给皇帝，可见其质量之好，它也因此驰名天下。

傣族从很早的时候起就种植水稻，使用牛犁田也有悠久的历史。犁田在傣家人的生产活动中被公认是最重要和最有技术的活路。犁田的都是男人。犁田都是一人一牛一犁，又分为犁板田和犁水田。另外个别时候也使用象耕，或脚踏其土，或一人驱象，左右排绳牵引多个犁犁田（类似现代的旋耕）。

2. 景颇族农尚文化与祭鬼

景颇族农业祭俗。景颇族在建立新的村寨时，于村寨入口，建有一座多为四面无壁的房屋或草棚，也有的寨子将官庙建成竹楼或木楞楼，称请官神“木代”建立寨门，祭“木代”与各种鬼神，保佑村寨兴旺，村民平安。景颇族把这种活动称为“龙尚”。“龙尚”又称“农尚”“能尚”，景颇语意为官庙，它是景颇族村寨的胜地，是供祭祀用的区域、场地。它也是景颇族为祭祀太阳、月亮、天、地、山、林、水等万物诸神灵及其鬼魂修筑的寨庙，有的村寨“农尚”祭祀的鬼主要有村寨山官家的祖宗鬼、天鬼、地鬼、水鬼，另外还支祭台打发破坏鬼和嫉妒鬼。祭祀活动，以每年举行 2 次为多见。第一次在农历三四月间的播种季节，较为简单；第二次在秋后丰收之前，祭祀表示感谢诸鬼一年来的悉心保佑并庆祝丰收，较为隆重，一般要宰大牲畜数只。祭祀农尚，关系全寨人畜兴旺，五谷丰登，所以家家户户、男女老幼都要参加。即使是新迁来本寨的人家，也要等祭过“农尚”后，才算本寨正式成员，才能得到诸鬼魂庇佑。通过祭祀诸鬼祈求丰收的仪式活动，当地景颇族认为“祭龙尚”和“修水井”是一个体系，两者密切相关。景颇族几个支系祭鬼风俗有差异。景颇、载瓦以“木代”为最大的天鬼；茶山和浪速则以“省”（虹鬼）和“碑”（太阳鬼）为最大的鬼。祭“省”和“碑”用猪；景颇支系除祭“杀瓦”鬼用狗祭外，一般都不用狗祭，祭献中也有用羊祭的，而且对“木代”鬼，一般的只有排姓山官家才有资格祭献。载瓦支系很少听说用羊祭献的。景颇族“鬼鸡”，即将用于祭献煮熟的鸡晾凉后撕碎，杂以佐料伴制而成，是由“农尚”活动衍生而来的一道名菜。景颇族人祭祀用的绘画叫“农尚画”。绘画主要表现在“农尚”横梁上，图案多是太阳、月亮、山坡、河流、鱼虾、飞禽走兽，以及生产生活用品、农作物等。主体颜色为红、黑、白三色。所画物象形体质感逼真、构图巧妙，宾主关系明确、位置安排得当。

景颇族的民俗为什么一直没有被其他民族文化所同化，除了有自己独创的宗教文化思想和自己的信仰外，还有独特的风土习俗、军事文化与政治理念，以及在氏族关系中确定了本民族中的三脚立足的关系，即丈人关系、姑爷关系、兄弟关系。这三种文化结构体系使景颇族人民齐心团结又与其他人不能同化。

景颇族女子出嫁时，在女子的嫁妆中，必须有“三脚架的锅庄”预示景颇民族齐心团结的稳固的三角关系。无论走到哪里的景颇族人家，不是自己的“丈人”家，就是“兄弟”或“姑爷”家。这种社会关系是景颇族婚俗，从远古一直流传下来的婚姻管理制度，是加强民族联盟关系的一种文化体系。稳固的三角体系有利于稳固景颇民族的联盟关系，所以四川三星堆的三脚鼎立文化体现了景颇族历史以来的三角文化关系渊源(有的学者认为三星堆文化有可能是景颇人早期文化遗存)。

在景颇族宗教文化当中，“丈人”“姑爷”“兄弟”（PHU NAO）是由所供养的神来确认谁是丈人，谁是姑爷，还是兄弟。如当初神判定是姑爷，“姑爷”（DA MA）世代可以娶丈人（MA YU）家的女儿而不能倒娶，也不能娶近亲丈人家的女儿。判定是否是一个家族，是以所供养的神位确认，这是景颇族的一个原始本土宗教习俗。

景颇族供养的家鬼或神相同，无论世隔几代都是亲兄弟，一定不能通婚，因为这是早就在宗教婚俗中定好的婚姻关系。过去景颇族如遇到这种情况，便只好用抢婚的习俗解决。

3. 阿昌族与德昂族节庆文化

阿昌族过去普遍信仰小乘佛教。在梁河、芒

市一带的阿昌族主要奉行鬼神崇拜和祖先崇拜。主要宗教节日有进洼（关门节）、出洼（开门节）、烧白柴、泼水节等。除宗教节日外，还有许多本民族特有的传统节日。如：火把节、窝罗节、浇花节和春节。其中以窝罗节和火把节的规模较大，活动内容较多。

（1）窝罗节

每年农历正月初四举行，以纪念传说中阿昌族的始祖遮帕麻、遮咪麻为民除害、造福后人的功绩。届时人们要祭献最好的菜肴，然后杀狗吃狗肉和芋头，假如在祭奠的当天能捕到蟒蛇，则认为更吉利。

（2）火把节

每年农历六月二十四日举行，为祈求五谷丰收，驱虫消灾，要杀猪、宰牛祭奠，届时要熟制火烧生猪肉拌米线给大家分食，入夜后点火把在村寨四周游动。

（3）泼水节

和当地的傣族一样，阿昌族也过泼水节，泼水节期间是年轻人择偶的好机会，届时经常由姑娘家备好八大碗菜肴招待来串亲的小伙子。参加聚餐的人数相符，大家才能落座入席。小伙子要在别人不察觉的情况下把姑娘家的鸡头偷走，如鸡头被姑娘查出来，要罚偷鸡头者一碗酒，否则就要罚姑娘喝酒。假如偷者被人当场抓住，不仅要受罚，还要被姑娘取笑。酒后小伙子要根据菜价，将菜钱在不让姑娘察觉的情况下交给姑娘。

德昂族节庆文化　古老茶农，茶，是德昂族最重要的饮料。尤其是成年男子和中老年妇女，几乎一日不可无茶，而且好饮浓茶。他们喝茶时，常常将一大把茶叶放入一个小茶罐里加水少许煎煮，待茶呈深咖啡色时，将茶水倒在小茶盅里饮用。由于这种茶非常浓厚，所以一般人喝了极易兴奋，夜晚会彻夜难眠。而德昂人因经常饮用，却喝上了瘾，只要一日不喝，便会手脚酸软，四肢无力。相反，如果在劳累之时煮一罐浓茶，喝上几口，便立马神清气爽。

茶，在德昂人的生活中有着非常重要的地位。德昂人讲究“茶到意到”，宾客临门，必先煨茶相待；走亲访友和托媒求婚时，必以茶为见面礼；若有喜事需邀请亲朋光临，一小包扎有红十字线的茶叶便成了“请柬”；如两人产生矛盾时，有过失的一方只要送一包茶，就可求得对方的谅解。可见，茶的作用是其他钱物无法替代的。由于茶叶的这种特殊地位和作用，致使茶叶的消费量很大，因此德昂族人家家户户都习惯在房前屋后、村头寨边栽上一片片茶树。这不仅解决了他们日常饮用之需，而且还是一项很好的经济来源。长期以来，德昂族人积累开荒种茶的经验，被周围的民族称为“古老的茶农”。

4. 傈僳族的风俗文化

傈僳族渊源于南迁的古氐羌人，与彝族同属一个族源。其族名称最早见于唐代著述。唐代史籍称“栗粟两姓蛮”或“栗蛮”及“施蛮”“顺蛮”，均属“乌蛮”，分布在今川、滇雅砻江、金沙江、澜沧江两岸等广阔地带。元明时多受丽江诸地纳西族封建领主等的统治。16 世纪中叶，因不堪纳西族木氏土司的奴役和战争的威胁，大批傈僳族在头人括木必帕的率领下，向滇西北怒江等地区迁徙。在 17—19 世纪，该族人在起义失败后又曾多次迁徙，朝着太阳落山的地方迁移。一部分进入缅甸，一部分人迁到老挝、泰国等。直至清代迁徙还在继续。傈僳族以从事农业为主，种植玉米、水稻、荞麦等。德宏傈僳族于16世纪以后开始迁入。作为民族自称音译的“傈僳”二字，历史上曾有“栗粟”“力苏”“傈僳”“力些”“力梭”“黎苏”“俚苏”等不同写法。傈僳有自己独特的文化，诸如：喜弩射、狩猎，刀耕火种，爱好顶杠与荡秋千传统体育活动，喜欢歌唱舞蹈，注重礼仪，好饮酒，家家养蜂，祭祀宰牲，男女都有嚼烟与饮酒的习俗等。傈僳族群众过去信奉原始宗教，崇拜自然，相信万物有灵，有巫师。20世纪初，一些西方传教士进入德宏、怒江地区，传入基督教和天主教。

花鸟历　1950年以前，傈僳族人民流行用自然历，借助花开、鸟叫，将一年划分为花开月、鸟叫月、烧火山月、饥饿月、采集月、收获月、煮酒月、狩猎月、过年月、盖房月10个季节月。主要节日有澡塘会、收获节、过年节等。德宏傣族景颇族自治州和腾冲傈僳族群众每年农历二月初八日过“刀杆节”。分两天活动：第一天为“下火海”，用栗柴烧成一大堆火炭，表演开始后，5个人赤脚围着火炭跳出跳进，然后“打火滚”，即在火炭上翻滚；“洗火脸”，即捧起火炭

洗脸；最后把在火炭里烧烫了的铁链子拿在手里传来传去，叫“拉火链”，表演完毕后群众一起跳舞。第二天为“上刀山”，把32把磨得锋利的长刀，横绑在2根高四丈的粗栗木杆上成梯子形，顶端有红旗、鞭炮，在一片鞭炮锣鼓声中开始表演。

酒文化　同许多民族一样，傈僳族同胞也喜欢饮酒。他们的酒有水酒和烧酒2种，过去多自行酿制。水酒是一种发酵酒。制作方法是，先将玉米、高粱、荞麦面或稗子等原料捣碎、蒸熟，晾凉后拌上酒药，然后装入大罐中，令其自然发酵七八天，饮用时兑水搅匀、过滤即可。这种酒汁微浊，呈乳白色，酒精含量不高，醇香微甜，有健脾开胃、提神解乏之功效，一直深受傈僳族人民的喜爱。烧酒，傈僳语称“力基”，是把发酵后的糟水放入锅中蒸馏而得的蒸馏酒。此酒清澈透明，度数较高，较水酒辛辣爽口。傈僳人认为，“无酒不成礼”，酒是他们宴宾待客必不可少的饮料。按传统习俗，饮宴伊始，主人要先将自己的竹筒杯斟满，并往地上洒倒少许，表示祭祖先。接着自己先举杯略饮，表示酒是好的，然后才将客人的酒杯一一斟满，双手捧献给客人饮用。在傈僳族的饮宴习俗中，最有趣的莫过于饮“同心酒”了。“同心酒”，亦称“合杯酒”“双边酒”等。是指2人同捧一筒或一碗酒，相互搂着对方的脖子和肩膀，一起张嘴，仰面同饮，使酒同时流进主客双方嘴里的饮酒习俗。饮用同心酒，一般不分男女，亲朋挚友或恋人之间均可进行。过去常用于招待贵客、签约盟誓或结拜兄弟等场合。同心酒象征着团结和友谊。酒席宴中，如果傈僳族同胞邀请你同杯共饮的话，那就意味着他对你充满了信任，把你当成了朋友。

奇特美食——“苏典竹米”　竹子极少开花，因为竹花过后，竹林就会成片死亡。它的花小而洁白，近前去闻，还有点淡淡的清香。竹花开过后，便结成竹米，即竹子的种子，这是竹子延续后代的最传统的方式。竹子一般要在48年时才会有开花现象。竹子开花，也就意味着它生命的枯竭，只有留下种子再度繁殖，但并不是所有竹子开花都可结出竹米。竹子开花结实是较为罕见的现象，因此史书常将此记载。因竹米不易得到，所以被抹上一层神秘色彩。传说中竹米是凤凰之食，古代有凤凰“非梧桐不栖，非竹实不食”之说。

苏典是德宏州唯一的一个傈僳族民族乡。位于德宏州盈江县西北部，距离县城53千米。东与支那、盏西两乡接壤，南与勐弄、卡场两乡连接，西北与缅甸联邦山水相连。苏典乡南帕、瓦苦、木龙河村寨辖区的密林里产竹米。这种竹米据说48年才结一次，它是生长了48年的空竹结的果实，此果被不畏辛劳的山里人加工成竹米，当作秋收前度日的口粮。因其在青黄不接的七八月熟落，傈僳族人视为上天恩赐的仙果。苏典竹米山非常广袤，竹米也特别饱满。傈僳族人穿越在山间竹林中一起捡竹米，一起敲打竹米壳，去了壳的竹米，略比豌豆大，非常铁实。取食方法，先用温水浸泡五六个小时，待发开后若莲子大小，然后同鸡汤一起煮，煮熟后每一粒都晶莹透亮，还有点嚼劲，味道极好，带有清香。

竹子漫长的生长过程，储存了清风玉露，天地灵气，其质可珍，精华如宝。平日的岁月，竹皆以笋的方式繁衍生命，扩展家族，当结了果实后，整蓬竹子都将死去。在完成了一次生命的漫长旅程后，又以果的方式让生命重新开始，竹就是这样一次次实现着生命的升华。在生命的最后时刻，在向人们奉献出佳品美果的同时，把更多的种子洒向大地，让未来更加郁郁葱葱。竹米营养价值和药用功效较高，味清香可口，富含淀粉和各种微量元素，既可食用又可入药，更具有清热解毒之功效，可作清凉饮料或煲粥食用，还可治肝病和癌病，是难得的养胃护胃之佳品。

（五）德宏文艺名人

孔雀王子毛相　毛相（1918（戊午年）—1986年），男，云南省瑞丽市姐相乡贺赛村人，原云南省德宏州民族歌舞团著名民间舞蹈家。他以表演独特的孔雀舞而闻名海内外。早年在中央民族歌舞团工作，1956年德宏州民族歌舞团成立后，进该团任舞蹈演员。1957年赴莫斯科参加第六届世界青年联欢节，他和州歌舞团演员白文芬表演的《双人孔雀舞》荣获银质奖章，为祖国争得了荣誉。1961年参加中国友好代表团随周总理出访缅甸，所表演的孔雀舞震动缅甸。曾任中国舞蹈家协会和云南舞蹈家协会理事、中国舞蹈家协会第五次代表大会特邀代表。

葫芦丝演奏家龚全国　男，1950 年 4 月出生，2010 年 4 月离世，云南德宏州梁河县人，傣族葫芦丝演奏家。1973 年进入德宏州民族歌舞团。在 1979 年云南省创作节目调演中，他的葫芦丝独奏《竹林深处》，震动了春城昆明舞台，令外国朋友赞不绝口。2010 年春节后德宏第二届葫芦丝艺术节暨葫芦丝大赛组织工作启动，龚全国忙于为开幕式的节目作曲，准备在开幕式上的表演，多日奔波劳累，在 3 月 25 下午不慎跌倒，头部摔在石头上，随即送到县医院进行抢救，当晚做了开颅手术，但一直昏迷不醒，不幸于 2010 年 4 月 4 日中午 12 点 58 分过世，享年 60 岁。其所创作的代表曲目有：葫芦丝独奏《竹林深处》(与人合作)《德宏美》《十二马》《晚霞》《进新房》《心里话》；象脚鼓琴独奏《赶摆之夜》；金角琴独奏《泼水节》《石林曲》；吐良独奏《守苞谷》；竹筒琴独奏《童年》；锥琴独奏《小河边》等。1980 年，在全国少数民族文艺会演中，他荣获葫芦丝演奏优秀表演奖。1982 年在全国民族乐器独奏比赛中荣获葫芦丝、象脚鼓表演一等奖。1983 年，他被国家民委、文化部、广播电影电视部、中国音乐家协会命名为“傣族青年葫芦丝演奏家”，同时参加中国少数民族艺术家演出团赴内蒙古、宁夏、青海、广东等地演出，所到之处，皆受欢迎。1984—1986 年曾两度赴日本访问演出，所演奏的代表曲目《竹林深处》《德宏美》被日本广播电台列为专题节目播放。

葫芦丝演奏王子哏德全　哏德全（1958—2008 年），男，初中学历，云南德宏梁河县人，1976 年 1 月参加工作，一级工艺师，中乐学会葫芦丝巴乌专业委员会副会长。他是中国著名的葫芦丝演奏家、作曲家、音乐家。在世界葫芦丝巴乌及整个音乐界享有盛誉，被誉为“葫芦丝之父”。他先后赴美国、瑞士、日本、韩国和中国的台湾香港等国家和地区访问、演出和讲学。哏德全在发展葫芦丝文化艺术中做出的主要贡献有：①规范了葫芦丝的制作，不断改良和创新了葫芦丝调类的分归和音域的扩展，总结出了一套规范化制作葫芦丝的经验。如制作各种调类，哏德全的葫芦丝 C 调和 D 调需要多长的主管、副管，多大直径的葫芦，主管的粗细，主管的音孔间距及制作的音高等都做了匹配和界定。他把葫芦丝的

高音类分为小 G 调、小 F 调、小 bE 调、小 C 调、小 D 调；中音类分为：bB 调、A 调；低音类分为：大 G 调、大 F 调、大 bE 调、大 D 调、大 C 调、大 bB 调。哏德全在葫芦丝音域的扩展上也做出了重大的探索和改进，他将传统葫芦丝的 8 音域（4 6 7 1 2 3 5 6）扩展到 11 个音域（3 4 5 6 7 1 2 3 4 5 6），后又从 11 个音域扩展到 13 个音域（3 4 5 6 7 1 2 3 4 5 6 7 1）。②培养了大批优秀的葫芦丝制作和演奏人员。2000 年、2003 年，哏德全分别在昆明和勐养创建了“哏德全葫芦丝艺术工作室”，他工作室的 20 多名工作人员全部是他的徒弟，为葫芦丝文化的发展注入了新的力量军。

金凤凰金小凤　女，傣族，1958 年 10 月出生，德宏州芒市人，曾任云南德宏傣族景颇族自治州民族歌舞团副团长，后任中国音乐学院附中声乐教师。她从小就喜欢唱山歌，1973 年考入德宏州民族歌舞团，主要从事声乐工作，也参加舞蹈、傣剧、话剧等演出工作。1976 年首次参加云南省、全国曲艺调演便崭露头角。她所演唱的傣语说唱《养鸭姑娘》，曾受到昆明和北京观众的青睐。1979 年在云南全省创作节目调演中获优秀表演奖。之后，成为德宏州歌舞团专业独唱演员。1980年在云南省少数民族文艺调演中荣获“傣家青年歌唱家”称号。1982年在全国省区少数民族声乐比赛中获优秀表演奖。1984年获全国首届青年电视大奖赛优秀奖。1989年荣获全国民族唱法十大女高音歌唱家称号。从1981年起，经过3年的中国音乐学院进修学习后，演唱技巧提高很快，她的歌声甜美、清脆、婉转细腻，声情并茂。代表性曲目有《月光下的凤尾竹》《瑞丽江啊，最美的歌》《赶摆的小卜少》《泼水节的水》等。她曾多次应邀参加电影配唱；曾两度出访日本、泰国，到过缅甸、马来西亚、新加坡等国家和中国的香港地区演出。1990年10月和1991年5月，曾先后在北京和昆明成功地举行“独唱音乐会”而受到好评，成为云南第一个在首都举办个人演唱会的德宏民族歌唱家。被傣族人民亲切地称呼为“傣家人民的金凤凰”。

金嗓子万小散　万小散（1963—2013年），艺名万梅罕，女，国家一级演员。1963年11月出生于云南德宏傣族景颇族自治州。1979年，万小散便以优异的成绩被德宏州民族歌舞团傣剧队录取。曾任云南省德宏州傣剧团演员、副团长，云南省戏剧家协会理事，德宏州政协委员，是云南省青年表演艺术家、云南省山茶花奖获得者，曾获云南省有突出贡献优秀奖。曾代表中国和云南少数民族艺术团出访过美国、日本、新加坡、缅甸等国家和地区进行演出，多次参加国家级、省级和州级的重要大型文艺展演。曾在《娥并古桑洛》《海罕》《朗推罕》《昌弓相》《相梦》《南西拉》等十多部大型傣剧中担任女主角，塑造了众多个性鲜明、性格饱满的舞台人物形象，在傣剧方面积累了许多经验。为傣剧的表演、傣剧的声腔、傣剧的创新与发展做出了重要贡献。被傣族人民亲切地称呼为“傣家人民的金嗓子”。

五、人文自然景观

（一）自然景观

1. 国家级自然保护区

（1）大盈江

位于德宏州盈江县境内，傣语古称南海巴、南达宾、南达棒、南木安、大车江，中游地区的大盈江两岸傣族人民又习惯称之为南弄（即大水），现代缅甸一带傣族皆以南木安称之。大盈江分下、中、上3段，今境外直至伊洛瓦底江一段称下游；从红蚌河汇流处以上至下拉线一段称中游；从下拉线以上的东西两支流称上游，上游右支为槟榔江，左支为南底河，在旧城镇下拉线村交汇后称大盈江。大盈江发源于腾冲市。大盈江一支源于古永狼牙山，一支源于双海和芹菜塘。过虎跳石后从南奔江口出国境，流入缅甸伊洛瓦底江，最后流入孟加拉湾。大盈江长204.5千米，盈江县境内长145.5千米。在盈江下拉线汇合后，大盈江河床平缓，波平浪静，最宽处达 1000 余米。大盈江两岸青山如黛，翠竹欲滴，景色秀丽迷人。更有行行白鹭，群群野鸟、野鸭、天鹅不时起落其间。大盈江有的地方在江中间冲积成沙堆或沙岛。洪水季节，远看犹如长虹卧波，十分壮观。大盈江是伊洛瓦底江上游的一条支流，过虎跳石后从南奔江口出国境，在海拔 105 米的缅甸八莫汇入伊洛瓦底江。大盈江在短短 2 千米的河段上建设了 3 个大型水电站，距大盈江一级水电站坝址下游 0.7 千米即为大盈江二级水电站大坝，而距二级水电站坝址 1.3 千米的则为第三级电站。主要支流有槟榔江、盏达河、户宋河、户撒河，为盈江县坝区的重要灌溉水系，也是盈江县危害最大的水系之一。由于德宏大盈江一带有极其丰富多彩的旅游资源，国务院已将这一地区列为国家级旅游风景名胜区。

(2) 瑞丽江国家级自然保护区

云南省瑞丽江　瑞丽江是云南省西部的一条重要河流，属伊洛瓦底江水系。傣语古称勐丽江、南卯江（即雾水河），元明时期称麓川江，清代既称龙川江，也称瑞丽江。它发源于腾冲境内高黎贡山西侧的分水岭，这条江灌溉着中缅两国上万公顷肥沃的土地，养育着近百万的人口。瑞丽江上游叫龙江，发源于高黎贡山西侧，流经腾冲、陇川、梁河等县市，经莫里峡谷，进入瑞丽坝，到弄岛的榕棒旺附近汇入南宛河，穿山破谷而出并流入缅甸，流经缅甸中东部，在缅伊尼瓦附近汇入伊洛瓦底江，注入印度洋的孟加拉湾。瑞丽江在云南境内长 53 千米，江面宽为 100—200 米。瑞丽江其中有 20 余千米属中缅两国界河，是云南省西部的重要河流之一，属亚热带长流河。瑞丽江水流平缓，清平如镜，江畔良田万顷，傣家村寨树竹环绕，风光如画，景色十分秀丽。

瑞丽江自然保护区　始建于 1992 年 3 月，涉及瑞丽市、芒市、陇川县，该区域保存了从季雨林到常绿阔叶林过渡地带的完整植被类型和丰富的野生动物资源以及优美的自然景观资源。本区拥有高等植物 600 多种、脊椎动物 216 种，同时本区也是勐约河、南焕河、芒棒河、南兰河等河流的水源发源地。2002 年 5 月被批准为省级自然保护区，面积为 73500 公顷。1994 年 1 月 10 日，瑞丽江以云南省瑞丽江一大盈江风景名胜区的名义，被国务院批准列入第三批国家级风景名胜区名单。

沿瑞丽江进行漂流，江面有三段不同的景观。流经芒市遮放坝江面较为宽敞，水流平缓，一侧主要靠昆（明）瑞（丽）公路，橡胶树成林，香蕉树成片，高大挺拔的木棉树，花开时节，满树彤红，映红了山谷；一侧江岸为高山陡壁，数十米高的岩壁，经数百万年的侵蚀，形成了无数似兽如鸟、像人仿树的千奇百怪的堆积物、石钟乳。50 千米内可行船摆渡、航运物资和游览，竹筏向着西南漂流而下，江岸是浓绿的热带雨林，裸露的树根沿岩壁向下生长和溶岩合为一体。进入峡谷两岸云崖壁立，山腰云带缥缈，江里浪花飞扬。高山陡壁，似兽如鸟、像人仿树千奇百怪。瑞丽段属平坝河流，江流由狭窄的畹町段流下瑞丽坝子，江面逐渐开阔，使人心旷神怡。两岸星罗棋布的竹楼村寨，傣家儿女江边戏水，欢声笑语。江畔山清水秀，竹茂林幽，风光十分秀丽迷人。一幢幢干栏式的傣家小竹楼点缀在凤尾竹林深处，四周流水潺潺，稻麦金黄，或秧苗青青，胶林遍野，风光如诗如画。到中缅界河段，江水荡漾，波光粼粼，江面野鸭、白鹭群起群落，灰鹤、小鸥、翠鸟飞翔，小舟、竹筏、机动船载着货物和两国边民来回穿梭。在江面漂流，可饱览由无数椿树、果树和风尾竹环绕、建筑形式别具一格的中缅两国傣族村寨及缅甸木姐县城和与瑞丽隔江而望的南坎市风光。一座座金顶白塔，塔角风铃铃声幽幽。

(3) 怒江

怒江源出青藏高原唐古拉山南麓，经西藏、云南，在云南德宏州芒市中山乡出境缅甸后称萨尔温江。怒江是中国西南地区的河流之一，又称潞江，上游藏语叫“那曲河”，发源于青藏高原的唐古拉山南麓的吉热拍格。它深入青藏高原内部，由怒江第一位西北向东南斜贯西藏东部的平浅谷地，入云南省折向南流，在云南省泸水县以南为下游，河谷较为开阔，岭谷高差已降至 500 米左右，江面海拔在 800 米以下。经怒江傈僳族自治州、保山市和德宏傣族景颇族自治州，在芒市中山境内有 10 多千米，擦境而过后流入缅甸，改称萨尔温江，最后注入印度洋的安达曼海。从河源至入海口全长 3240 千米，中国部分 2013 千米，云南段长650千米；总流域面积32.5万平方千米，中国部分13.78万平方千米；径流总量约700亿立方米，省内流域面积3.35万平方千米，占云南省面积的8.7%。

怒江德宏段——芒市中山乡怒江出境口，江水碧蓝，河谷深镶，地处高山峡谷之中，地势险要雄奇，江中险滩怪石密布，江水被两岸岩石收窄并伴有落差，风光独特，有“老哇响”天险（很远便可听见巨大轰鸣，故称“老哇响”）、保六渡口、尖山渡口等要地。“老哇响”处，雨季江水上涨险滩被淹没，外表看不出异样，殊不知水下暗流奔涌。

（4）大娘山

盈江县以北支那乡的大娘山海拔3404.6米，是德宏州最高峰，被称为滇西的小庐山。传说很久很久以前，一个年迈的猎人在山中狩猎，迷迷糊糊中看见两位漂亮的仙娘，在一旁窃窃私语：老人翻山越岭一路艰辛，眼看日色偏西，还是一无所获，怪可怜的，何不把那秃尾猪送他一头。老人醒来，突然看见一头黑熊摇头摆尾而来，当即拉开弩飞出一镖，黑熊应声倒地。老猎人喜获黑熊之后，两仙娘赐黑秃猪的奇闻就广为流传。大娘山、二娘山的美名就源于此。其实，大娘山、二娘山真正的美不在于它的传奇故事，而在于它可东览高黎贡山，南俯大盈江流，西瞰缅甸密支那城郭，北眺印度青山。在冬季这里还可饱览烟波浩渺的支那云海。

这里自然景观奇特，在夏季登上大雪山顶峰，可以呼风唤雨，云雾半山绕、山顶戴帽等景观时常会出现。冬季山顶长期积雪，早晨可以观看“云海”奇观。大娘山是省级自然保护区，有保护较好的原始森林，千百年古树随处可见，国家一级保护植物红豆杉、五角枫在这里也可以看到。这里和缅甸联邦接壤，当你登上山顶以后，站在山顶可以遥望缅甸城市密支那，可以领略一步跨两国的感受。充满神秘色彩的大娘山自然保护区是现代人向往的神奇之地，也是登山爱好者登山探奇的理想之地，旅游开发前景广阔。

大娘山是登山爱好者的最佳登山之地，这里是德宏的最高山峰，很多地方至今无人涉足，很多秘密等待人们去探寻。这里和缅甸联邦政府接壤，是5—7号界桩所在地，当你顺利登上山顶以后，你也可以顺便出一次国。站在山顶可以望到缅甸的城市密支那，也就是电视连续集《风云密支那》的主要拍摄地之一。同时，这里冬季长期积雪，自然景观奇特，名贵药材丰富，走一走、逛一逛可能就会有意想不到的收获。通往大雪山、大娘山的山路曲曲折折，但沿途风光无限，因为很少有人涉足，原始森林保护得比较完好，物种丰富，是进行植物科学研究的好去处。在回来的路上，还可以到天然温泉泡一泡澡，清除旅途的劳累，那里的泉水清澈见底，当地群众还直接把它当作凉开水来喝。逢年过节，乡里各个村寨的群众都会到那里洗澡，相传大年三十前在那里洗一次澡，就可以洗掉一年的霉运，来年顺顺利利，从商的生意兴隆，从政的官运亨通，无所求的也会平平安安。

另外，大娘山半山腰上的仙人洞、地瓜山的姐妹石、老厂的官房、白马山等旅游景点，都有着一个个美丽动人的传说，等待着人们的探险与考证。

2. 名木古树

亚洲“榕树王”　德宏人把榕树称为大青

树，对它有种特殊的感情。德宏州傣族还把村头寨尾雄姿英发、树龄古老的大青树奉为神树，逢年过节，都要到大青树下祭祀，祈求人畜安康、五谷丰登。大青树是德宏风光的一大特色，无数枝繁叶茂、千姿百态的大青树遍布德宏全州各地，把德宏州的山水点缀得更加妩媚。生长在云南省德宏州盈江县铜壁关老刀弄寨旁的大青树在德宏全州各地的大青树中，犹如鹤立鸡群，独树一帜，被人们称作“亚洲榕树王”。它树身奇大无比，数十人也合抱不下。主干上布满了块状根系，如山脉、峡谷，千沟万壑，波澜壮阔。那由弯曲的树枝陡直的气根构成的树洞，似殿堂、回廊，气势雄伟，那巨大的树冠，浓荫四布，遮天蔽日，像一把巨伞，伸向苍穹，好像要把蓝天白云都吞没。树干上抛撒出的一束束气根，如一条条巨蟒，把头深深地扎进泥土之中，像是要把地上的水分全部吸干。树冠覆盖面积达 5.5 亩，气根入土后长成的新树干达 108 根，到现在已有数百年的树龄，堪称“独木成林”奇观，为云南德宏州一绝。

橡胶母树　橡胶是一种重要的工业原料。我

国橡胶的主产区是海南、台湾、广西、云南等省区，云南的主产区又在西双版纳，有130多万亩。德宏虽不是主产区，仅有10多万亩，但德宏橡胶在我国橡胶种植史上有着不可磨灭的历史贡献。

橡胶母树是目前我国第一批橡胶树中现存最后一株，1904年，盈江干崖宣抚司第24代21任土司刀安仁先生赴日本留学前，途经马来西亚时购回了800多株橡胶种苗（亦说300株或2000株），定植在盈江新城乡凤凰山上，纬度为北纬24°46′49.82″。这是我国引种的第一批橡胶树，它首次打破了北纬23°一线的移植禁区，比台湾引种的橡胶早2年，比海南引种的橡胶早1年。这批橡胶树因技术、管理、战乱等多种因素，到中华人民共和国建立前夕只剩下3株。之后又先后死去2株，现幸存一株，已被列为国家重点保护树之一。这棵树高20余米，主干围200多厘米，主干根部直径90余厘米，堪称我国树龄最长、树冠最高、树干最大的橡胶树。因此被人称为我国的第一株橡胶母树。因其有着较高的科普、科考和科研价值，被国家列为重点保护树种。1997年4月，由中国农业部农垦总局、云南省农垦总局和德宏州农垦分局在树旁设置“中国橡胶第一树”标志碑。

独树成林　榕树在瑞丽是一道独特的风景线。无论山坝间、村寨里、道路旁都有种植，或独树成林，或相连成片。人们视榕树为神树，只种不砍，它在德宏所有树种中占的比重最大。瑞丽这棵榕树位于芒令村旁，路过瑞丽江北岸向前行，远看路边左侧是一片绿油油的树林，这里便是堪称一绝的“独树成林”栖息地，瑞丽人称之为迎客榕。迎客榕树形奇特，左右前后姿势多变，为众多影视专家所青睐，《边寨烽火》《孔雀公主》《戴手铐的旅客》《西游记》等十多部影视片都在这里拍摄过外景，著名影星王晓棠、刘晓庆、陈运和等均到此观光留影。

3. 地热温泉奇观

德宏全州在地热带内，共有温泉 70 个，其中水温在 40℃以下的 32 个，40—70℃之间的 28 个，70—100℃之间的 9 个，101℃的 1 个（瑞丽市棒蜂温泉）。遮放瑶池在遮放众多的温泉群中，别具一格，它位于芒市遮放镇东北 5 千米芒棒村旁的千年古榕泉。遮放瑶池为景中之奇，此泉呈多点出露，水温 50℃左右，为碳酸盐泉，水质清纯，流量稳定，分“龙”“雄”“雌”三池。母泉生于一株硕大的古榕树下，因泉水渗过从榕树根下源源流淌出来似巨龙吐水，又因过去是土司沐浴的地方，故称“龙 池”。龙池十米见方，一半被树的根部笼罩，树根延伸到水面又屈曲向上寻找新的延伸地，盘根错节，形成一个个水上洞府，呈半明半暗的一池两景。人可以从水下钻入树下暗池，托身于发达的根颈之上，把头从根孔树洞中探出来。一面享受暗室熏千年古榕泉——瑶池蒸的乐趣，一面倾听枝头翠鸟的歌声。“雄池”为男性浴池，“雌池”为女性浴池。三池之间，池池相望，而水则互不相融，绝对符合卫生标准。每至冬晨，气雾弥漫，恰似仙境。此泉还奇在水与树的互生互存上，50℃热水不仅没把树给煮熟，反使其葱葱茏茏，长生而不老。

4. 天然景观

芒市三仙洞　德宏芒市三仙洞位于距芒市西南 40 千米的三角岩山间，于一悬崖绝壁上的天生石洞，形成时间为晚期二叠纪，距今 270 万余年。民间传说，因其由三位仙人发现，并长期居住在洞内而得名。“三仙洞”分为上下两层，上洞口标高1669.48米，下洞口标高1628.93米，16个厅堂，120余个景点，目前已修凿览道1800米。洞空间最高达30米，横跨最宽处50米，洞壁完整，胶结稳固。钙化生成物既有宏大壮观的气势，又有玲珑剔透的秀色。石花锦簇，“珍珠”垂帘，石笋丛生，钟乳倒立，石柱挺立，千姿百态，如雄鹰卧剿，孔雀昂立，如翠鸟迎宾等惟妙惟肖，栩栩如生。石壁泉珠晶莹透亮，滴水成池。洞内景观，神秘莫测，令人浮想联翩，目不暇接，惊叹不止，流连忘返。

黑河老坡　位于芒市中山乡与勐嘎镇交界处，海拔2836米，雨量充沛，保护区内形成有明显的垂直带谱，区内植物物种丰富。有高原植物257科2000多种，其中属国家一、二、三级保护的就有南方红豆杉、木沙椤、秃杉、红椿、滇桐、假含笑、金荞麦等30种，省级珍稀濒危保护植物18种。另外，还有国家一、二级珍稀野生动物蜂猴、熊、猴、白鹇等23种。2001年1月，中国科学院昆明植物研究所专家在黑河老坡自然保护区进行资源考察时，发现了珍稀濒危植物——龙脑香科植物带。该区内共有龙脑香科植物100多棵，均生长在海拔1200—1500米之间，在这样高海拔地区生长着龙脑香科植物是植物学上“不可思议”的现象。

凯邦亚湖　“凯邦亚”是景颇语，意为山谷地。1993年，中国德宏与马来西亚合资在山下建了一个装机容量为6.3万千瓦的水电站，电站的蓄水库就选择了这片山谷地。这山谷地是高山上较为低凹的浅丘盆地。四周的山脉，形成马蹄形。在马蹄口筑了一道高45米、长74米的大坝，便把这8平方千米的山谷地变成了一个人工湖。径流面积达22平方千米的湖周山脉，多系亚热带原始森林。此地从夏到冬、从早到晚温差极小，高不过28℃，低不过10℃，即可避暑，也可避寒。

诗蜜瓦底（黄草坝）　位于盈江县城以北43千米，海拔1000多米，面积约3平方千米。坝中多草甸，牛马成群，一条小河从中穿过，两岸多百年奇树，地势缓和起伏。冬季气候寒冷，白霜铺地，黄草戚戚。春天梨花如雪，山花漫野；夏天绿草没膝，凉风习习，形成了美丽奇特的高山草原风光。清澈的泉水静静地流淌在古树丛林之中，满山遍野的杜鹃开放在碧绿的草地上，成群的牛羊悠闲自在地在草地上戏耍繁衍，浓郁的傈僳风情更是让人流连忘返。黄草坝素有“滇西香格里拉”的美称。

在这广袤的草地上，草地连绵起伏，也有远处的山，天空的云雾美美的，傈僳族放牧的快乐的歌声回荡在彩云间。傈僳族热情好客，醇酒待客，夜晚围着燃起的篝火，伴着歌舞热情地迎接你的到来。这里是云的故乡，雾的源头；这里是彩云留恋的地方；这里草原广阔，牛羊肥壮，绿草荫荫，古树参天；这里春有花，夏有荫，秋有果，冬有青；这里是人间天堂——诗蜜瓦底，即傈僳语头人叫作仙境般避暑山庄之意。

虎跳石　位于盈江县城西南 17 千米的坝尾山边、大盈江与户撒河的交汇处，数百米宽的大盈江被高山挡住收缩为峡谷，宽 20—40 米，最窄处仅 7—8 米。沿碎石公路前行 9 千米，可看到一个停车场，停车场旁有一杂货店，东侧有一石隧道，杂货店的正对面是一条长长的、盘旋而下的石砌台阶，顺阶下至江边即到虎跳石。虎跳石不仅是上虎跳景观的代表，也是虎跳峡全峡最险最美的

景致。数百米宽的大盈江，流到这里一下收束成七八米。两座冲天而立的石壁，像两扇半开的山门，封住了大江的去路。狂怒的江水拍打着江中峥嵘乱石，激起冲天水柱和浪花，雷霆般的轰鸣翻卷着穿过石壁，再加上户撒河飞帘倾注，给人一种吞天化地之感。从虎跳石沿江而下，步行数百米，就到了落水洞。洞口乱石嶙峋，江水咆哮着往洞里猛灌，江水穿过石洞，又从石峰中倾泻而出，溅起碎玉般的水珠，散成漫天的水雾，随风飘逸，在阳光的照射下，形成了道道彩虹。

作家艾芜在《南行记》中这样写道："这小山谷位在滇缅交界的克钦山中，四面都是密生绿树的山岭，只是北面和南面，裂有窄狭的缺口，宛如山谷里的两道门户，从那里便露出明媚的天空，由云南流入缅甸的伊洛瓦底江的大盈江，就在这两个缺口下流过，波涛冲碰着峡谷嶙峋的山石，成天成夜生气似的吼着。"

莫里瀑布　莫里位于芒市、瑞丽市和陇川县交接区的瑞丽市一侧，瑞畹桥东北约 5 千米处的莫里峡谷。莫里瀑布又被称作"扎朵"，相传佛祖曾在这里的温泉旁戒斋沐浴，后来留下了一只硕大的足印，为纪念佛祖的亲临，后人用印度巴利语大佛脚印“扎朵”称呼这里。走进莫里，你会感到有种神秘的感觉始终追随着。据说，这里是中国负氧离子最高的一个天然森林氧吧。莫里峡谷，藏于山峦叠翠、万木争嵘、双峰对峙的广弄山和广马山之间的热带雨林深处。清澈的泉水从 60 米高的悬崖陡壁倾泻而下，有“叠水如棉，不用弓弹花自散”的景象，似一匹巨幅白绸在空中迎风飞舞，高峰悬崖间雪飞云涌，响声雷鸣，瀑布下又有温泉涌出，景观十分奇特。莫里瀑布为德宏乃至滇西南落差最大的瀑布。

（二）人文景观

德宏州具有打造边贸旅游与异国情调游的优势，并且现已做了许多尝试和努力，开发了瑞丽江—大盈江国家级风景名胜区、瑞丽市的“一寨两国”、独树成林、珠宝文化城、莫里热带雨林、芒市的勐焕大金塔、勐巴娜西珍奇园、树包塔奇观、瑞丽市畹町原始森林漂江游、滇缅公路的终点——畹町桥、畹町生态园、扎朵佛脚印风景区、姐勒金熊塔、麓川古城、姐告口岸、中缅一条街、陇川县景罕玉兔塔、邦角景颇山官衙门、盈江县的允燕佛塔、姐冒仙人洞、梁河县南甸土司衙门建筑群等旅游景点，得到了许多旅游者的青睐和认可。德宏州境内的各少数民族还具有独特魅力的传统文化及生活习俗。今后，德宏州应该继续加大打造边疆文化风情旅游和边贸旅游的力度，在现有内容的基础上，注入更多的文化内容，并不断增强参与性、娱乐性、体验性和文化性，突显出民族文化、生态文化、边境文化、珠宝文化。

1. 自然人文景观

芒市树包塔　位于芒市市区友谊路（后改为阿露窝罗路）上段左侧与勇罕路交叉口。树包着塔奇观——树包塔，即塔包着树，结成了一个坚强的实体，塔就是树，树也就是塔。据傣文史料记载，清乾隆五十三年，即公元1788年，芒市第十七世土司放愈著为纪念一场胜利的战争而修建了此塔，距今200多年。此塔系砖石砌成，高十余米，呈八角形，神龛内竖着佛像。砖砌的塔身因天长日久地经风吹雨打出现了裂缝，裂缝中渐渐积满了尘土，一粒榕树种子被风或鸟带到了塔缝中，春雨浇下，种子生根发芽，于是古塔就渐渐被榕树包了起来，形成树包塔的奇观。如今塔顶上的树已高达30余米，树冠覆盖近1000平方米。

勐巴娜西珍奇园　勐巴娜西珍奇园位于云南省德宏州芒市城东南，是国家AAAA级景区，现已建成具有古朴、自然、珍奇特色的高品位景点，是全国罕见的生态园林。勐巴娜西珍奇园汇集了全国少见的大量古树名木和世界罕见的硅化木玉石。其特色是稀、奇、古、怪，堪称精品荟萃的旅游亮点、亚热带植物基因宝库。迈入珍奇园，跳进眼帘的是两座醒目的标志：一个是白龙亭，为傣族泼水节的标志；一个是景颇族目瑙纵歌节的示栋标志。抬头仰望，观赏到珍奇园大门雄伟壮观的东南亚傣族建筑风格。步入大王棕、象腿棕走廊后，可以瞻仰国人与世人崇敬和缅怀的一代伟人周恩来总理的纪念亭，汉白玉的周总理雕像栩栩如生，碑文撰铭着1956年12月周总理与贺龙副总理同缅甸总理吴巴瑞一行专程莅临芒市主持两国边民联欢的历史性事件。往前行，将置身于美丽的凤尾竹林中，青竹高耸入云，翠叶飘拂似凤尾，蔽天遮日，凉爽宜人，展现一派边塞傣乡风情。再深入，跃入眼中的是两块大奇石，一个形似骏马，一个酷似雄鸡，恰似春城昆明的金马、碧鸡标志。展眸顾盼，更令人赏心悦目的是：一片浓郁多姿的百年古榕，枝繁叶茂，绿荫葱葱，仿佛跨进原始森林；一片绚丽无比的三角梅园，五彩缤纷，鲜艳夺目，欲如置身花的海洋；一片树基苍虬、形状怪异、白花清香、品入中药的鸡蛋花；一片冰肌玉骨、夏季绽蕊、花红似火的紫薇；一片恐龙时代的植物、号称“活化石”的桫椤（树蕨）；一片古朴苍劲、八月吐芳、香溢数里的金桂；一片百年以上树龄的金刚纂，展示了典型的热带植物。

勐巴娜西珍奇园百年古树数量之多（500余株）、规格之大为全国之最。树化石、树化玉的数量和精品之多（1000余吨）、规模之大为全国之最，世界罕见。大型根雕数量之多、形状之奇、规格之大为全国之最。大（古）树移植数量之多（500余株）、成活率之高（96%）为全国之最，创中国园林史纪录。

园中有花木奇石、千年桂花、千年紫薇、千年黄杨、六百年榕树、五百年鸡蛋花、三百年三角梅；高2.6米、重4吨多的树化玉；高4米多，直径1米多的树化石；长5.3米、树龄3000多年的红豆杉根雕长桌；高4米多、千年乌墨木大型根雕——“双龙抱柱”；高3米多、千年香果树根雕——“寿比南山”。珍奇园不仅拯救、保护和培植了大量古树名木和珍稀植物，是生态环境保护的典范；而且创建了高品质、有特色的精品旅游景点，使中外游客大饱眼福、赏心悦目，领悟大自然的神奇美妙，领略热带雨林风光，体验浓郁的民族风情。

园林中还点缀着鸟巢蕨、鹿角蕨、莲台蕨、王冠蕨、石斛兰、一叶兰、万代兰、地乌龟、沙漠玫瑰等珍稀植物和奇花异草，还有千余盆人参榕、罗汉松、紫薇、三角梅、巴西铁、黄杨、铁树、榆树等桩景，品种繁多，琳琅满目。游览道两侧举目皆见：竖立和横摆着数百件大小不一、形状各异的亿年树化石、两亿年树化玉和奇形怪状的山石、水石、石胆、玉石、翡翠，婉若进入一个远古的神奇的世界。珍藏馆内，陈列着来自国内外的200多种奇石、化石和大型根雕，精品荟萃，珍奇罕见。它既是供观赏的奇珍异宝，又是对青少年进行地质和古生物知识科普教育的生动课堂。占地376亩、投资5800多万元的勐巴娜西珍奇园，是集古朴、神奇、自然、典雅、绚丽于一体的大型生态园林景区，含有丰富的文化、科研内涵，又是祖国大西南的植物基因宝库，堪称中国园林奇葩、华夏景观一绝。

芒市景颇文化园　中国·德宏景颇族国际目瑙纵歌文化园，主体工程即将完工，于2月19日至23日在芒市举行的2016年德宏景颇族国际目瑙纵歌节投入使用。该园位于芒市芒别村，距离芒市市区12千米，是集景颇族历史文化、民族文化、餐饮文化、旅游为一体的旅游产业项目，按照国家4A级旅游景区评定标准进行规划设计，分为目瑙纵歌文化园主体功能区和旅游商业服务区，总占地面积260亩，2017年建成后将成为景颇族餐饮、服饰、手工艺、特色民居、民族歌舞等景颇族文化展示长廊。目前，主体公共部分建筑目瑙示栋、廷努房工程、层台梁柱的浇筑已完成，目瑙纵歌场、道路、雨污已完成铺设及管网预埋，迎宾门主入口通道也已建成。

畹町森林公园　畹町国家森林公园位于畹町北侧，是1988年批准建设的国家级森林公园，面积198.9公顷，其中森林公园124.5公顷，森林面积124.5公顷，森林覆盖率为60.8%。植被带以亚热带森林为主，植被类型还有珍稀木材柚木林。园内有天鹅湖、万佛寺等景点，并结合自然景观，配有人工景点与周围环境相照应，是中外游人理想的休息、游乐场所。从园内可以俯瞰畹町全貌，更能观赏异国风光。

畹町森林公园前有畹町河，后有瑞丽江，它们均属伊洛瓦底江水系，水资源极其丰富；区内群山叠翠，树木葱绿，动植物资源十分丰富。境内有国家一、二类保护动物穿山甲、孔雀、蟒蛇、原鸡、狗熊、黑长尾猴等；有高等植物14类6032种，其中具有经济价值的有4000多种，药用植物有萝芙木、黄金等1251种，观赏植物有462种；区内还拥有石斛、树蕨、铁力木、酸梓木、柚木、高山小叶榕、树花生等珍稀植物。可以说，畹町森林公园及其延伸带是一座动植物资源的活宝库。这里建有人工孔雀养殖基地，每年生产数百只蓝、白孔雀远销内地各类公园，供游客观赏。

德昂女王宫遗址　距陇川城子镇8千米，位于城子镇东面曼蚌山支脉缓缓而下的巴达寨背后的山坡上，海拔约在1200米，四周是山洼，地势险要，站在山顶上，可览陇川坝的瑰丽景色。从城子镇出发驱车到巴达，顺着山路缓缓而上约1700多米远，在一个平坡上突然有一段60℃的陡坡。从这里顺着山路直攀80多米高处，到了一个宽敞的小平台上，这个小平台就在山顶上，长约30米，宽约20米，面积为600平方米左右。这里就是德昂族女王宫的遗址。距山顶2米处，有一条宽约1米的环山绕行的路，边沿还砌有石头。宫址是坐东向西，西面平台下1米多远处，有一个长约4米、宽约6米的小平台，有石头砖瓦碎片，应为王宫的第二道门；再往下2米多，又有一个平台，形壮略为“八”字形，大小跟上面的平台一样，应为进王宫的大门。山顶平台上有砖瓦碎片、柱脚（石敦子）、石条和石板等，砖头有几种形状，一种是有花纹的，背面呈凹形；一种是薄砖头，有整块的，有断节、断块的长33厘米，宽21厘米，厚4厘米，宽处的两边呈凸形，涂有绿色的釉；再一种是厚砖，长约30厘米，宽约18厘米，厚约7厘米，无花纹。瓦片的大小跟现在的大号瓦相似，有半圆形瓦片（又叫筒瓦），有的上面还涂有绿色的釉。据考察，女王宫是明朝时候的建筑，时至今日已有五六百年的历史了。遗址还可隐约辨认出房子的瓦片和砖头等，距地表30—40厘米可挖到。

天然南姑河淘宝场　南姑河旅游淘宝场建于宝石成矿带原矿最富集的区段——瑞丽市弄岛南姑河，距市区约30千米，占地60万平方米。南姑河岸边，建有一排排具有民族风格的建筑设施，其中有集餐饮、宝石鉴定加工、购物为一体的综合服务楼、休闲娱乐中心、客房等设施。游客参加淘宝，使用规定的工具采淘，淘到的宝石原矿可交特聘的缅甸宝石加工师鉴定、现场加工成戒指、项链、手链等宝石制品。淘宝中潜藏的机遇，使参与者随时都有可能成为幸运者，其乐无穷。参与的欢愉、获得的惊喜，使这一旅游活动从一开始就受到各界的关注和欢迎。

瑞丽与世界著名的缅甸宝石出产地同处一条跨瑞丽江南北纵横的矿藏带。当地居民采淘到价值极高的宝石的佳话广为流传。1998年在这一矿藏带中国瑞丽一侧新发现了宝石富集矿场。经云南省地矿局第四地质大队普查组踏勘和矿点普查，实证有红、兰色刚玉及红色尖晶石、子牙乌等宝石。所取样品经中国地质博物馆宝石研究室和地矿部宝石研究鉴定室加工鉴定。从已评价矿区1平方千米范围内，洪水冲积型矿床规模较大，砾石层中均可见到宝石矿物，尤其在河流中段（现淘宝场所在地）一带最为富集，各类宝石矿物含量最高。根据这一发现，经有关部门批准，瑞丽市推出了目前国内唯一的具有幸运性和参与性的特殊旅游新项目——旅游淘宝。

2. 南传上座部佛教佛塔寺庙

佛塔　巴利语称佛塔为“吉地”；缅语则叫“广母”，意译为“做好事”；傣那语则借用缅语称谓。

德宏佛塔随佛教传入而兴建，从现存古塔情况看，少数为明代建，多数为清代建。德宏最早的佛塔是傣文史料《掸养广绩雷奘相》即《芒约塔寺的传说》中提到的瑞丽姐相乡芒约佛塔。而有汉文史料记载的则是建于1632年的陇川县景罕佛塔。瑞丽姐勒佛塔亦应建立较早，后因旧塔倒塌，又于1756年重建。传说佛塔是按释迦牟尼的旨意建成。一个信徒曾问他：用哪种方法能表达对你的虔敬呢？他不说话，只把长方形布片拼成的袈裟铺在地下，再将钵覆扣在袈裟上，然后用手杖竖在钵底。这就成了佛教最初的佛塔雏形。佛塔是佛教信徒心目中幸福吉祥的象征。德宏傣族有这样的传说：傣族少女将头发梳理为塔形，今后的日子就会过得幸福美满，故至今傣勒少女仍梳此发型。他们视塔为佛祖化身。在建塔时，塔心必置一金板或银板结，上面刻有建塔年月和经咒。在他们的信念中，认为塔与人一样，是骨肉之躯，其心必有金银珠宝。建路是为自己造福，因此他们的"赕塔"活动，其隆重程度不亚于对释迦牟尼佛像的供奉。

2016 年，德宏全州有 26 座佛塔。1966 年前被列为云南省级文物保护单位的有瑞丽姐勒佛塔、潞西县（今芒市）风平佛塔。1984 年云南省人民政府又公布盈江县允燕佛塔为省级文物保护单位。

按佛塔埋藏品分类，可分为 4 类：一是珍藏佛陀舍利的舍利塔；二是珍藏佛陀神器的佛器塔；三是珍藏佛像（或足印）的佛像塔；四是珍藏巴利三藏的佛经塔。在德宏，绝大多数佛塔是佛骨塔（即佛陀舍利塔）。此外，尚有若干仅高 3—5

米的和尚塔，此类塔是当地高僧的墓冢塔。据1989年芒市遮放镇弄喜办事处广母寨塔寺的沙弥尼与布奘说：舍利塔都是释迦牟尼转世修行之塔。印度有象塔，缅甸锡钵有猪塔，勐更有鹤塔，木姐有鹿塔；瑞丽市姐勒佛塔是金熊塔、弄安佛塔是豹塔，芒市遮放镇广母佛塔、芒丙佛塔分别为牛塔和孔雀塔。

按佛塔建筑形式分类，可分两类，即群塔和独塔。群塔通常规模气势宏大，如瑞丽市姐勒佛塔、芒市风平佛塔、盈江县允燕佛塔、瑞丽市弄安佛塔、芒市芒杏佛塔等。德宏佛塔的基本特征为：从其立面上看，佛塔由塔基、塔座、塔身、塔刹和塔冠5个部分组成；多系砖砌实心塔，全州仅有梁河县勐底佛塔是空心塔，后又新修了芒市勐焕大金塔为亚洲最大的空心塔；塔基形式多样，多呈圆形、正方形或长方形；塔座平面有方形、六角形、圆形多种；塔身多为重叠的钟鼓状；塔刹一般由莲花座托宝瓶组成；塔冠系金属制宝伞风标；塔基上多置佛龛；塔体相对细高，自下而上逐层收小，既像葫芦，又似破土而出的春笋，故又有“笋塔”之称。

德宏南传上座部佛寺（或寺塔），又称缅寺。所有佛寺都不是靠强迫劳动建造的，它们是靠所有信徒纯洁简朴的捐赠建成的，是功德的象征，一所佛寺一旦落成，就成了公共财产，成为附近村寨佛寺教育的场所，村寨聘请的寺僧及有僧阶的佛爷便接受人们的供养，传播知识，教化民众。有些寺塔合设，寺即是塔，塔亦是寺。现在仍履行宗教传播与兼具教育功能。较著名的主要寺塔已为数不多。大致有：

菩提寺　是小乘佛教的寺庙。傣语称“奘相”，意为宝石寺。这座寺庙虽然不大，占地面积近 3600 平方米，但它确实是享誉东南亚的著名南传上座部佛寺。据史书记载，菩提寺始建于清康熙十六年（1677 年）。相传当时芒施（今芒市）长官司长官的大儿子舍弃官位，削发为僧，修建此寺。因寺前是一株很大的菩提树，便借树取名为菩提寺。300 余年来，屡遭战乱浩劫，破了又修，毁了又建，历经沧桑，直到现在。

五云寺　位于芒市阔时路红旗街北段，是芒市始建的第一座佛寺，殿中供奉着当年芒市土司方定正从缅甸迎入芒市的第一尊佛像“帕拉过勐”，十分珍贵。寺内金塔由8座小塔环主塔组成，小塔下的佛龛内都放有佛像，塔顶吊有黄铜镂刻的璎珞，金光闪烁。

佛光寺　位于芒市阔时路，佛光寺为木结构重檐歇山顶式样。佛光寺以佛祖光辉普照四方而得名。寺内建有佛塔，主塔高十余米，四周有小塔16座，造型十分美观。每逢泼水节，寺内游人如织，热闹非凡。

瑞丽大等喊奘房　即瑞丽喊萨奘房。“奘房”即通常所说的寺庙，是佛教徒出家修行的地方，也是佛爷传经布道的场所。喊萨奘房建于傣族村寨之中，它是一座凤尾竹环绕、榕树垂须、别具民族特色的建筑，是傣家建筑之精华、傣族文化荟萃的艺术宝库。据傣文史籍记载，在勐卯古国时曾一度为其京都，也传闻它最早是鸳鸯栖歇之地。这里以幽静见著，寨子里绿竹幽径，榕树绿荫，花开四时，果结终年，佛寺点缀其中，组成一幅美丽喊萨奘房的油画景色。喊萨奘房是瑞丽农村较大的佛寺之一，雄伟美观，装饰绚丽多彩。奘寺是一座典型的干栏式建筑，脊上有一座塔式宝顶，奘寺旁有泼水亭，还有一骑鸳鸯的仙女，每当傣家节日来临，朝拜的香客和游客络绎不绝，在中缅边境一带有较大影响。进门有走廊，门楣上镌刻有一对孔雀作飞翔状。一尊高大的释迦牟尼佛像盘腿坐在佛座上，雍容端庄，面容慈祥，旁立五大弟子。寺顶和四壁绘有孔雀、白象、麒麟等吉祥物，梁上挂有许多五彩缤纷的长幡，显得富丽堂皇。每逢泼水节、开门节等节日，到这里拜佛的香客络绎不绝，多部电影电视剧都将这里作为外景拍摄场地。这里也是国内外宾客观光的好地方，瑞丽——喊萨奘房，距市区 5 千米左右，可包车或乘坐出租车前往。

勐焕大金塔　坐落在云南省德宏州州府——芒市东南部孔雀湖畔的雷牙让山顶，海拔 1079. 6 米。青山绿水间的“勐焕大金塔”光彩夺目。传说“释迦牟尼”生前转世为金鸡“阿鸾”时曾生活于此地。佛涅槃后数百年，佛教弟子“召罕大”“阿罗汉”为传播佛祖教义亲临此山修炼，为使“召罕大”有个修炼的好环境，野草和荆棘全部让开，故称为雷牙让山，意为“野草让开的地方”，尔后在此山建一佛塔，自古以来是人们公认的佛教圣地之一。原雷牙让山佛塔毁于 1942 年抗战时期，芒市市区的勐焕大金塔也毁于1966年，之后决定将两塔合一重建，定名为勐焕大金塔。2004年6月30日，勐焕大金塔破土动工，总投资5500万元。2006年5月12日，勐焕大金塔举行了赏塔敬放舍利子仪式。2007年5月1日，主体工程竣工，并举行了开光加冕大典。勐焕大金塔主体塔，整座塔高76米，塔底基座直径50米，造型为八角四门空心佛塔，下3层为空心大厅。第一层大殿面积2000平方米，中心方柱东西南北塑有4座佛像。第二、第三层外平台建有16座造型别致的群塔，塔亭内有16尊汉白玉佛像。塔身主体为钟形大塔，第二、第三层各建有小塔8座，第四层外平台建有8个精美的花瓶塔。基座之上的主心柱在大钟和13个钵上垒砌而成，最高点戴有重达2.3吨的大金顶。该塔属南亚傣王宫的建筑风格，有着深厚的民族文化内涵。在傣族村寨，佛塔奘寺比较普遍，它作为傣族信仰佛教的一种文化象征，与傣族村落和亚热带的大自然景色构成和谐统一的优美风光，传奇而迷离。勐焕大金塔便是这其中的典范。这座大金塔在《捉妖济3人鬼殊途》中更显得神圣，金光灿灿，雄伟壮观，是芒市标志性的建筑，也是生活在这里的傣族人民的圣地。勐焕大金塔是中国第一金佛塔，亚洲第一空心佛塔。

姐勒金塔　傣语称“广母贺卯”，意为“在坝子马头的塔”，距云南瑞丽市东北 3 千米，是瑞丽最古老的佛教建筑、佛事活动场所和旅游景点。旧塔塔身用土坯建造，主塔高 10 余米，周围以数小塔围之。后经历代土司主持在其基础上进行不断整修装饰，到民国年间，10 余米的主塔直入云天，其外环列 7 座小塔，外表涂上金粉，主塔顶冠贴以金铂。塔基围有一圈石栏，四周置石雕狮像。塔周围古树参天，见者无不为之赞叹。1969 年，古塔却毁于一旦。于 1981 年重新开始修建新塔，历时数年，在原塔基上重现了旧塔原貌。新塔采用砖土结构，主塔较旧塔高 10 余米，外围小塔，依次渐小，主附塔顶均冠有金铂华盖，微风过处，风铃叮当。姐勒金塔修复后，每年泼水节前，佛教徒都在此举行佛事。境内外佛爷、和尚、尼姑纷纷前往讲经诵佛。姐勒金塔是东南亚著名的佛塔之一。

盈江允燕塔　位于盈江县城以东 1 千米的允

燕山上，又称曼勐町塔。允燕塔始建于 1947 年，由盈江盏达土司思洪升募建，目的是为了镇水妖、绝洪患，根除兵灾和瘟疫，使人民安居乐业。由于战乱和瘟疫的原因，直到 1955 年才竣工。该塔底部占地面积 400 平方米，为多层砖混结构，由主塔（高 20 米）和 40 座小塔组成，均呈圆锥体形。塔的基座上共设 5 层坛台，第一层每面立 7 座小塔，从第二层开始逐层收缩，每层的四角各立 1 小塔，为方形弥须座。这是将外来佛教文化和傣族传统建筑融为一体的创造性建筑，虽然年代不太长，但由于造型独特优美，塔体壮观，在众多佛塔中仍很有名气。昆明海埂民族村傣家寨内的佛塔，就是仿照允燕塔而建造的。

3. 中缅边境村寨景观

中缅边境，或以江为界，或陆路相连，一依带水，彼此相望，于是自然形成两国边境“一寨两国、一院两国、一井两国、一街两国、一桥两国”的绝妙景观，在国际边界上也是一大特有奇观。

一寨两国　一村两国位于有名的中缅边界 71 号界碑旁。这里的云井寨与缅甸的芒秀寨几乎连在一起，寨中的国境线是以竹棚、村道、水沟、土埂为界的。因此，中国的瓜藤爬到缅甸的竹篱上去结瓜，缅甸的鸡跑到中国的居民家来下蛋成了常有的事。

一院两国　一院两国的奇特景观，在瑞丽市屯洪寨边的傣族农民项补家里，他家院中立着中缅边界84号界碑。可谓“界碑一侧是中国，而另一侧就是缅甸。”

一井两国　一口水井两国饮的“中缅友谊井”，位于瑞丽姐冒寨和缅甸滚海寨之间，上面有“清泉留客，胞波情谊深”的诗句。每当朝霞染红瑞丽江或夕阳给凤尾竹梢镀上金边的时候，挑水洗菜的中国姑娘和洗冲凉澡的缅甸少女在井边闲话家常，朵朵水花，串串笑语，随着江风悠然飘扬。

一街两国　“中缅友谊街”，简称“中缅街”，位于国境线81号附1号、附2号，82号至83号界碑两侧，长约1.5千米。在“中缅街”中间，耸立着一座恢宏壮观，金碧辉煌，颇具民族特色的“国门”。我国境内一段称“中缅友谊街”；缅甸境内一段，边民们称其为“白象街”。

一桥两国　九谷桥是中缅两国的界河桥，也是滇缅公路出入国境的口岸桥和中缅两国的友谊桥。每天早晨8时，都要举行升国旗仪式和开关仪式。抗日战争期间，出国作战的几十万中国远征军和盟国援助中国抗战的军火物资都是经过九谷桥进出的。

中英街与天涯地角　瑞丽市的姐告边境贸易区，位于中国瑞丽市与缅甸木姐市这两个国家级开放城市的结合部，西临瑞丽江，与瑞丽市隔江相望，东、南、北三面与缅甸木姐市相连。它是瑞丽市跨江的唯一的村镇，陆路直接与缅甸相连，历史上称为“飞地”。起于上海的320国道，其终点就止于姐告，所以姐告也被称为“天涯地角”。同时这条公路又与缅甸的两条交通主干线“史迪威公路”“滇缅公路”相衔接，是现代史上“中印”“中缅”公路的交汇点。其地理位置十分独特。

据说姐告这块“飞”在瑞丽江那边的土地，是当年周恩来总理到缅甸访问时为解决中缅两国边境线的问题，用中国与缅甸紧密相连的一个村寨交换过来。中缅两国边民共同生活在这块土地上，多年以来，同一民族跨境而居，同赶一条街、同饮一江水，通婚互市历史悠久，由此而形成了中缅两国民族情调融为一体的独特人文景观。

在姐告边境贸易区东北面，有一条长400米、宽40米的“中缅友谊街”。街的南面是中国，铺面具有傣族、景颇族等民族的建筑特色，有来自全国各地的上百家公司、商号和个体户在此设立了窗口。街的北侧是缅甸的铺面，其砖木结构框架全部是珍贵的柚木，屋顶像太阳帽，是典型的缅甸式建筑。有来自缅甸各地的上百家商人在这里经营，铺面里摆满了来自东南亚各国的珠宝玉石、金银首饰、手工艺品、土特产品。中缅双方游客均可自由往来于中缅两侧街市，直接用人民币、缅币或美元购货。要想过境，实在是非常容易，脚一抬过去就行了。游客还可在中缅街办理简易登记手续后到缅甸木姐市领略异国情调。据介绍，自香港回归大陆后，沙头角的“中英街”已经不存在，所以姐告的“中缅友谊街”，就是我国现存的唯一的一条“两国街”了。

姐告与缅甸的木姐市紧密相连，同为一块土地、一条城市道路，中间用铁栏杆一隔就把中缅两国分开了。中缅边境的国门，国家一级口岸“姐告边防站”就设立在姐告与木姐市相连的路上，出了国门就是缅甸的木姐市了。姐告口岸，实行“境内关外”的特殊海关管理模式。所谓的境内关外，就是在我国境内，海关辟出一个专门区域，进出的货物就相当于进口和出口。区内可以免关税、增值税，流通可以减免流通税。这样，这个区域使企业可以不出国门，就能享受有关优惠政策，通关速度和便利程度也大大提高，有利于两头在外、大进大出的加工贸易发展，对企业整个物流的运作可以减少很多成本，对于发展经济非常有利。姐告给人有万商云集之感，云南对缅边贸进出口商品总额的50%以上均从此处进出。

4. 中缅友谊遗址

中缅友谊馆　位于芒市大街（芒市广场西侧），开放时间为周一至周五上班时间，是州文化馆的办公场所，周一至周五可以进去参观，大厅和二楼有很好的图文展，介绍德宏州的民族、文化与经济等，也有机会碰上文化馆的歌舞彩排。

周恩来总理纪念亭　周恩来总理纪念亭位于勐巴娜西珍奇园内，是为纪念1956年12月周恩来总理和贺龙副总理出访缅甸时同缅甸总理吴巴瑞一同来到芒市参加两国边民联欢大会所修建。亭高 27 米，基座为四面八方形，厅内有四面碑柱立于中央，分别用中文、傣文和缅文碑文，大理石栏杆，设有 20 个门户、金黄色的多层次重檐层面，28 只陶瓷金孔雀错落有致地装饰在飞檐上，融入了傣家塔式建筑及缅式建筑的特点。

中缅友谊树　在芒市宾馆入口左侧，有两棵枝繁叶茂、苍劲挺拔的缅桂花树，这是 1956 年 12 月 16 日周恩来总理与缅甸总理吴巴瑞亲手所栽的中缅友谊树。其北侧一棵为周恩来总理亲手所栽，南侧一棵为吴巴瑞总理亲手所栽，共同见证中缅两国人民的胞波友谊。

5. 土司人文遗迹

据傣文献记载，周威烈王二年（前 424 年），就有关于傣族部落战争的记述，并随后在今瑞丽江河谷建立勐果占壁王国。11—15 世纪，勐果占壁王国称雄于世，被尊为“勐卯弄”，即“大勐卯”。元明属云南行省，实行土司制度。清袭明制。德宏所属为 10 个土司。土司职位世袭相传，实行封建领主制度，自明代 1382 年以来，到 1956

年民主改革彻底废止，德宏土司制度经历了574年之久，是云南省土司制度延续最长的地区。各司署均设土司衙门，现保存和修葺完善的土司衙门有南甸宣抚使司和干崖宣抚使司两个土司衙门。

南甸土司衙门　也叫南甸土司司署。南甸土司头人刀氏龚姓，原籍南京应天府上元县。明初随军征讨云南，因屡建战功，后升官定居于此，逐渐与当地原住民傣族文化融合，成为汉傣文化融合的典范。原南甸宣抚司辖地广阔，实力雄厚，世袭为官28代，历时500余年，在云南边地土司中影响很大。

司署驻地曾几易其址，清咸丰元年（1851年）定居现址，历经3代土司的不断扩建，于民国二十四年（1935年）完善成现有规模。该建筑区按汉式衙门布局，由4个主院落，10个旁院落，47幢、149间房屋组成，占地面积10625平方米，建筑面积7780平方米。可谓“层层院进八方通，幢幢殿阁殿中殿”。房屋规划整齐，主次分明，木制结构，粗梁大柱，青龙屋顶，雕梁画栋，尤以第四殿用料考究，正堂栎木，左厢椿木，右厢楸木，取“正立春秋”之意。

土司府是研究云南少数民族史、地方史、土司制度及建筑艺术等方面的重要实物资料。土司府内还保存着一些珍贵的历史文物，如半副銮驾仪仗，清王朝赐给的官服、大印，以及贝叶经、历史照片、日常生活用具等。

刀安仁故居——干崖宣抚使司署　生于风雨飘摇时代的刀安仁，是盈江县新城乡人，19 岁任干崖（今盈江县）第 21 任宣抚使司，终年 41 岁。他短暂的人生却成就了非凡的传奇事迹，是滇西地区当之无愧的革命先驱、民族英雄。1924 年的干崖兵灾，刀安仁的故居被毁；1925 年之后，刀安仁长子即干崖第 25 代 22 任土司刀京版对旧宅进行了修复，到了中华人民共和国成立初期仅剩下两进两院，时至“文化大革命”时期刀安仁故居又再次遭到了严重破坏。据刀安仁后人刀乾威介绍，刀安仁故居曾多次遭遇浩劫，在修缮之前只剩下三间厢房。2008 年当地政府出资 440 万元进行修缮；2011 年盈江“3·10”地震时曾有部分瓦片脱落，随后当地政府进行了处理。刀安仁故居于 2011 年修葺完成，最大限度地复原了故居的容貌。刀安仁故居是一个坐东朝西的建筑群落，分为四堂三进。大堂在前，作为审判厅使用；二堂是土司议事厅；三堂是土司贵族及元老的办公地；正堂居后，是土司的办公及住所。每进中间是天井，两边是厢房。故居的色彩全部采用仿古原料，所用的黑、金、红、银色在土司府常见，但这样的色彩搭配在当地少数民族民居中并不多。"如外状元枋用的金色和红色，里状元枋用的绿色、黑色，子行挂枋用的却是大红色和金色。"后花园一侧，房屋上一根腐烂的红木柱被换了下来，取而代之的是楸木材质的柱子。"楸木质地相当于柚木，是从腾冲等地找来的"，仅更换眼前这栋房屋的柱子和大梁，就用去了上百万元。故居内的地砖也有讲究，故居中轴线附近用的是六角砖，而其余地面铺的是四方砖。"像这些一眼就能看得到裂纹的砖，有年头了。"在故居内，还能看到一只剩下脑袋的石狮子。石狮子是乡卫生院修大楼时，意外地从地里挖出来的。"去年挖排水沟时，还在院子角落发掘出来了篮球大小的小型石狮子和一个刻有字迹的碑。"内有斜靠在墙上的碑，石碑约 90 厘米长、60 厘米宽，上面数不清的"刀"字依稀可见，而其余绝大多数字经过水蚀、风蚀难以辨认。

6. 著名历史纪念遗址

(1) 历史文化遗址

马嘉理事件遗址　位于德宏州盈江县芒允镇，距县城27千米，离中缅边境线40千米。19世纪中叶，英帝国主义入侵缅甸，窥视我国西南。1874年，英国企图打开从缅北入侵云南的通道，组织由上校军官柏郎率领的近200人的武装探路人，打算从缅甸北上入侵我国云南。同时派驻上海领事馆“中国通”翻译官马嘉理前往缅甸迎接。马嘉理沿途刺探我国军政情况，测绘山川地图，经昆明、腾冲、梁河从盈江过蛮允到达缅甸八莫。1875年2月17日，柏郎、马嘉理率入侵队伍到达蛮允红蚌河，2月21日马嘉理自告奋勇前往探路，遭中方军民阻止。马嘉理竟开枪当场打死边民一人，各族人民忍无可忍，将马嘉理及4名随从杀死，弃尸于户宋河中。翌日上午，各族军民在班西山狙截柏郎武装，柏郎仓皇逃窜出境。英军打通入侵云南的阴谋宣告失败。然而，事件发生后，英国向清政府提出很多无理要求，清政府屈服压力，以“盗匪劫杀”为由大肆搜捕边民。1876年3月19日，清政府审理的关于事件的“滇案”中，经黑白颠倒的审判后，12名景颇族兄弟被“就地正法”，其他被害11人，腾越总兵蒋宗汉等被革职，镇左营都司李珍国革职下狱，造成千古奇冤。1876年9月13日，清政府屈服于英帝国主义的压力与英国签订丧权辱国的《中英烟台条约》，从此，我国西南大门被打开。为纪念边疆各族人民抵抗侵略者的斗争，盈江县人民政府于1987年在户宋河畔立“马嘉理事件起源地”石碑一方，以对各族人民进行爱国主义教育。

芒市缅王墓　1886年，英国占领缅甸，缅甸沦为英国殖民地。有着爱国传统的缅甸各族人民从未向侵略者屈服，抗英的怒潮遍及各地，此起彼伏，在长达半个多世纪里从未间断过。英国殖民当局为镇压人民反抗，先后调遣4万多人，耗资数百万英镑，死伤数千人。最能集中体现缅甸人民抗英意志的，莫过于缅王孙召莽洒莽哒喇疆括。“召莽洒”，意为“皇太子”；“莽哒喇”，意为“有道德”；“疆括”方为其名。疆括之父美克雅，是贡榜王朝第九任国王曼同的长子，他和锡袍是同父异母的兄弟。锡袍为了篡位，设计将诸兄弟骗入宫中杀害，唯对深受众望的长兄不敢动手，只将他赶出王宫，流放边地。美克雅不甘受辱，愤而自杀。他留一子，即为疆括。其时，疆括年幼，出家为僧。

英军攻陷曼德勒时，疆括年方18岁，他义愤填膺，随即脱下袈裟，起兵抗英，人民群起响应，拥戴他为召莽洒。疆括抗英数年，终因力量悬殊不能取胜，于1890年退入我国境内，有较长时间居住在今德宏州梁河县城，由南甸土司拨给田地自耕而食，意欲待机而动。这期间，英国殖民当局多次派传教士来劝说疆括，许以高官厚禄，诱使其返回缅甸，都遭到他的严词拒绝。

1919年，疆括率部进攻中缅边境的茅草地，未能取胜。1921年，又再次进攻木姐，并一度将其占领。英当局大为震惊，调动大批军队反扑。疆括的次子左宜盾在战斗中被英军俘获。1940年前后，疆括移居腾冲城的将军庙。英国驻腾冲领事施立德曾亲自登门拜访，问及其生活来源时，疆括傲然回答："我看病卖药的收入，维持生活有余。"由此可见他高尚的节操。1942年5月，日军攻陷今德宏全境及腾冲、龙陵，疆括被日军从南甸劫持到芒市，软禁于法帕。他自少年即遭亡国之祸，今又目睹祖国饱受日寇铁蹄蹂躏，饮恨而终。

疆括的坟墓如今仍在芒市近郊的印金寨。疆括逝世的具体时间说法不一，推算起来当是年近80的老人了。身为君王后代而不贪图荣华富贵，流亡异国50多年而复国之志至死不渝，这种高风亮节和威武不屈的品格，既是缅甸民族精神的杰出代表，也是全世界一切被压迫民族的骄傲。

李根源故居　李根源是著名政治家、军事家、社会活动家、学者、诗人。李根源先生的故居位于梁河县九保古镇右安街（今九保乡九保街正街左侧），距梁河县城东南偏北1.5千米。建筑群占地面积1101.81平方米，建筑面积714.3平方米，于民国元年（1911年）复修，是一幢典型的四合院两照壁滇西民居建筑，由门房、厅房、正房、马房、畜房及院落、花园等组成。1939年，李根源携子李希泌回九保，表达了欲修故居的感慨。九保李根源故居于1993年被云南省政府命名为重点文物保护单位。自2004年至今，国家文物局、梁河县政府先后投入资金34万元，对九保李根源故居进行了全面的修缮。

（2）德宏抗战文物概况

自九一八事变后日本军国主义者不断制造事端，在侵占我国东三省后，开始全面侵华，平津、淞沪先后陷落。1932 年 10 月广州失陷，我国华北、华东、华南大片国土沦丧，沿海交通被封锁。自此，由云南经缅甸、越南的交通线，成为支援中国抗战的主要国际通道。1938 年初，数十万滇西民工日夜赶修滇缅公路，1 月动工，8 月通车，3200 名南洋华侨机工共赴国难，投入滇缅公路抢运，大批国际援华抗战物资经此源源不断运入。滇缅公路成为中国抗战的重要生命线。1941 年 12 月太平洋战争爆发，日本大举南进，相续占领南洋及泰国、越南，滇越铁路被截断，滇缅公路成为中国唯一的国际交通线。

1942 年初，日军为了截断中国抗战生命线——滇缅公路，断绝国际对华援助，向缅甸发动全面进攻。驻缅英军节节败退。应英方请求，中国远征军派出 3 个军 10 万余人，仓促入缅援助英军阻击日寇，因友军一味败逃、不配合作战，远征军因指挥失误，战事失利、损失惨重，被迫辗转撤回滇西、滇南，一部分退入印度。至 1942 年 5 月上旬，日军占领缅甸大部分领土，5 月 3 日侵入我国西南国门畹町，4 日侵占芒市、龙陵，5 日窜至怒江惠通桥，10 日侵占腾冲。我国云南省怒江以西的腾龙边区，包括今德宏傣族景颇族自治州全部辖境共两万余平方千米的大好河山，从此沦入日本法西斯的铁蹄之下，滇西地区由此变成了日寇进攻中国大后方的抗战主战场之一。为了保卫中国大后方的安全，确保中国抗战的唯一生命线——滇缅公路的通畅，中国军队沿怒江设防，形成隔江对峙局面，在长达两年零八个月的滇西抗战中，滇西沦陷区各族人民与侵略者进行了英勇顽强的反抗斗争。在大盈江两岸，在瑞丽江畔，在景颇山寨、在傣家村寨，到处涌现出各族抗日儿女。到处摆开了打击侵略者的战场，德宏地区各民族群众，同仇敌忾、团结奋战，配合及支援远征军和各地抗日游击队向侵略者发动了上百次敌后武装斗争，有力地打击了日寇的嚣张气焰。1944 年春，为了打通中印（史迪威公路）及滇缅公路，配合中国驻印军队及同盟军反攻缅甸，中国远征军以两个集团军 16 万人的兵力，从 5 月 11

日开始发起滇西反攻战，在滇西各族人民的全力配合下，进行了强渡怒江，围攻腾冲，强攻松山，争夺龙陵、平嘎，追歼日军于芒市、全歼黑山门守敌等重大战役，经过255天的浴血奋战，歼敌2万余人，我方伤亡6万。1945年1月27日，远征军与反攻缅甸的同盟军会师中缅边境之芒友，至此收复滇西全部领土并将日寇赶出我国西南国门。中国抗战是世界反法西斯战争中重要的组成部分，滇西抗战是中国抗战三大战场之一，今天的德宏地区又是滇西抗战的主战场之一。

今日，德宏境内所余留的抗战遗迹、遗物是滇西抗战活的见证。滇西抗战文物不仅仅是我们记录和还原历史并进行纪念的第一手资料，更是为了让我们每个人的心灵直面民族的创伤。让战争的痛苦记忆成为民族的思想资源的重要物质文化。2007—2011年开展的“第三次全国文物普查”中，德宏州文博工作人员不惧艰辛深入实地进行调查，发现了大批具有重大历史、纪念价值的滇西抗战中不可移动文物，并征集到若干抗战文物。根据“三普”调查资料和德宏州文物馆藏档案，德宏州抗战文物主要包括17处遗迹及以州文物管理所为主的包括下辖各县市文物管理所所收藏的大量军装、武器、碑刻等实物资料。其中17处遗迹可分为3类：一是日军侵华罪证遗迹主要包括日军战壕、碉堡遗迹及侵华日军在德宏境内所炮制的惨案的遗址，如：陇川松山日军战壕遗址；芒市日军侵华碉堡；芒市蝙蝠山侵华日军战壕遗址；芒市项丘营盘山侵华日军战壕遗址；盈江偏石房惨案遗址。二是战斗遗迹：芒市三台山战斗遗址；芒市桐果园和红崖山战斗遗址；畹町回龙山战斗遗址；畹町黑山门战斗遗址；瑞丽户瓦战斗遗址；盈江浑水沟战斗遗址；盈江芒允保卫战遗址。三是具有纪念意义的远征军和盟军军事设施遗址及纪念碑：芒市滇缅公路南天门段、三台山段；瑞丽雷允飞机制造厂遗址；畹町桥；南洋机工回国抗日纪念碑。现对三类遗迹作择要介绍如下：

芒允抗战遗址　盈江芒允保卫战遗址位于盈江县太平镇拉丙村朗暖寨南约200米处，盈江县至缅甸八莫公路两边。1943年3月12日，日军至芒允扫荡，芒允抗日自卫队奋起抗击，打退敌军数次进攻，毙敌十余人，自卫队战士15人壮烈牺牲。是役得到当地民众大力支持，傣族、汉族群众亲临前线送水送饭，显示了边疆各族人民保家卫国之英雄气概。2011 年申报并已公布为盈江县县级文物保护单位。

滇西抗战纪念碑　整个滇西抗战是在德宏画上句号的。滇西抗战纪念碑是为纪念抗日战争中英勇牺牲的中国远征军、德宏各族人民、南洋华侨机工队员及盟军阵亡将士而建的。“珍珠港”事件爆发后，日军入侵东南亚，包抄缅甸，威胁滇缅公路。中国十万远征军偕同滇西各族人民，与日军浴血奋战，付出了巨大的牺牲，终获胜利。该碑坐落于芒市雷牙让山麓的孔雀湖北侧。1989 年德宏州人民政府决定在芒市城东缘的雷牙让山麓重建纪念碑，于 1990 年完工，全国政协常委、当年远征军第十一集团军总司令宋希濂先生亲笔题书碑文，并镌刻了毛泽东挽戴安澜将军的诗和全国人大常委会副委员长楚图南题书邑人、辛亥革命老人李根源先生的抗日诗作。纪念碑占地 9 亩，以橡胶林为背景，周围植以杉、柏，更显得其庄严肃穆，是教育后代、缅怀革命烈士、激发人们爱国热情的场所。

南侨机工纪念碑　南洋华侨机工回国抗日纪念碑，坐落于畹町森林公园。该纪念碑系纪念抗日战争胜利六十周年之际，德宏州各族、各界人民为纪念南侨机工回国抗战赤子功勋、彰显海外侨胞历史功绩，弘扬爱国主义精神，在原滇缅公路中国段之终点畹町，于 2005 年 12 月 20 日兴建。纪念碑高悬云空，直指高天，气势雄伟。纪念碑俯瞰滇缅公路，对面是邻邦缅甸。拾阶而上至四方平台，是由海外陈嘉庚后裔所立的华侨领袖陈嘉庚先生塑像。用汉白玉雕刻的花环下方有两台 7 级台阶，寓意“七七事变”。碑体总高 16 米，上端四条金色横带，代表抗战时期的四万万同胞。南洋机工荣誉证章镶嵌其间，标志着海内外同胞同心抗战。宽 6 米、高 3 米、共 3 层的黑色底座寓意九三抗战胜利。碑后是记述南侨机工回国抗战的浮雕长廊。右侧为纪念碑碑记；中间浮雕分别为：召唤篇、送别篇、筑路篇、铁流篇、蹈火篇、胜利篇；左侧是南侨机工英名录。浮雕下方《百雀图》，寓意美丽孔雀之乡德宏。浮雕廊正面 6 根柱子，代表抗日战争胜利六十周年。纪念碑建筑、雕刻所有材料，全部采用享誉世界的福建花岗岩。红色雄伟的纪念碑体直冲云霄，象征中华民族冲破黑暗，走向光明！

滇缅公路 1937年“七七事变”爆发，日本侵略者全面发动侵华战争，一时国土沦丧，生灵涂炭，神州危在旦夕。当时我国与国际联系的陆海通道绝大多数被日军封锁。为了打通国际交通线，滇西20余万民众自备干粮工具，风餐露宿，肩挑锄刨，劈山开路，过水架桥，日夜奋战，以血肉之躯于1938年8月筑就一条起自昆明，贯通滇西连接缅甸，两千多千米的被称之为“道路史上的奇迹”的滇缅公路。滇缅公路成为我国与国际联系的唯一交通要道，大批国际援华物资源源不断地沿此路运往国内抗日前线。随着战事的发展，滇缅公路运量徒增，现滇缅公路并轨320国道，但原湾道被改直后遗留有黑山门、三台山、南天门多段老路，路基仍保留完好，是德宏由抗战后方变为前沿的历史铁证。

六、新时期的建设与发展

（一）热区历史贡献

德宏是我国南方四个热区（海南岛、云南红河、西双版纳、德宏）之一，光照强度、热量条件、湿度均不及海南，但冬季不易受寒潮影响，平均高温高、光照充足、静风，具有独特的热区资源优势。该区可大面积种植橡胶，也可种植咖啡、腰果等部分典型热带作物，可以出产大部分的热带水果，是全国为数不多的热区粮、蔗、茶、胶基地之一。早在清朝末年，民间就有人从南亚引种咖啡，盈江第21任土司则于1904年从马来西亚引种三叶橡胶。中华人民共和国成立后，各级人民政府依托德宏资源优势，先后建立盈江特种林科所、省热带作物研究所、南药所和州级林科站所，实行粮、蔗、茶、胶多种经济作物并举的农林发展措施和政策。各项事业得到长足发展，为全省供需食糖、茶叶及干胶片做出了历史贡献。

粮：德宏州是传统的农业州，是我省优势农产品区域布局规划确定优质水稻主产区之一，也是粮食安全综合示范区、优质水稻示范区。1980年以来，德宏州认真贯彻落实中央和省委决策部署，开拓创新，真抓实干，全面超额完成了粮食生产的各项目标任务，农牧渔业总产值连年增长，在全省位居前列，保持全省唯一净调出州的地位。1990年，德宏州中央储备粮库开始承储中央储备粮、国家临时存储粮，接受中央储备粮库调控，为国家粮食安全做贡献。

蔗：全州48个乡镇和6个农场种植甘蔗，甘蔗面积90万亩左右，蔗区人口70多万人，占德宏人口的65%以上，占德宏农业人口的80%左右。全州已经建成13个机制白糖厂14条生产线，日处理甘蔗能力3.2万吨，形成规模大、设备先进、技术力量雄厚的制糖生产龙头企业，实现各项税收1.56亿元以上（不含所得税），其中实现增值税1.37亿元以上，带动了德宏交通运输、农田水利、农业机械、餐饮服务、劳动就业等相关行业的发展，呈现出农民、企业、国家三赢的局面，为全州经济社会发展做出了积极贡献。从20世纪六七十年代到21世纪初，德宏糖业经历了从无到有，从粗制到精加工的历程，但每个时期都为全省的食糖供应做出极大贡献。在20世纪六七十年代国家食糖紧缺时，曾源源不断从德宏大量外调，最高年份时可高达675万千克，人均贡献达150千克。

茶：德宏茶树栽培虽然有着悠久的历史，但长期以来，茶树栽培始终处于自发引种、管理粗放的阶段。20世纪40年代，梁河设治局局长封维德考察研究了当地种茶情况后，编著了《种茶浅说》一书，首次系统地提出了茶叶的种植、管理、采摘技术措施。1945年封维德颁发了《梁河县设治局为禁绝鸦片改种茶林告民众书》，总结了示范栽培经验，并从腾冲运回大叶群体种18驮(约1350千克)，分配到辖区内种植（今芒市江东乡、陇川的王子树乡、盈江的油松岭乡归梁河管辖)，大力推行以茶代烟，虽禁烟效果不显，但新的种茶技术和理念得以推行。据不完全统计，民国时期（1911—1949年）德宏地区各县种植的成小片茶园共96亩，其中：潞西25亩、梁河30

亩、盈江1亩、陇川10亩、瑞丽30亩，种植的品种为云南大叶群体种51亩、滇缅种20亩、中小叶种25亩。

德宏和平解放后，茶叶生产逐步得到发展，1954年全州开始在山区禁种罂粟，发展茶叶生产。按照省委“正面代替，逐步削弱”的指示，对新茶园建设采取临时性补助办法，如社队种茶国家调给茶种不收种子和运输费；请社员育1千克茶籽，补助0.5千克大米；社员出工种茶，每天每人补助现金0.5—1元，大米0.5千克。当时潞西江东、勐戛，梁河大厂、小厂，盈江油松岭、新城马鹿场，陇川王子树、护国是禁种罂粟的重点地区，当地党委、政府推行边禁烟、边种茶的措施，把禁烟的重点地区变成了茶叶发展的重点地区。至1957年全州茶园面积8134亩，总产量15.4吨。20世纪50年代末到70年代中后期，全州茶叶生产曲线发展，但总体上处于上升的势头。

1958—1960年“大跃进”期间，全州提出了“出门见茶山，进门见茶厂，机器隆隆响，幸福万年长”的口号，盲目发展，甚至用老茶树上的枝条直接扦插种植，出现了“一天绿，二天枯，三天光秃秃”景象，年年种茶不见茶的茶园。1961年后，州、县农业部门派出科技人员到山区蹲点办样板，社教工作队组织带领群众上山突击种茶，茶叶生产又得到恢复性增长，到1966年全州茶园面积31309亩，总产量121.7吨，茶叶产值20.9万元。“文化大革命”期间，片面强调“以粮为纲”，导致一些地方毁茶种粮，1968—1975年，茶园面积在德宏和平解放后第一次出现负增长，到1976年全州茶园面积37358亩，总产量535.9吨，茶叶产值128.6万元。

1977年后，各级党委、政府制定了无偿补助和有偿贴息贷款等一系列促进茶叶生产发展的方针政策，极大地调动了茶农积极性，同时开始推广科学种茶技术，举办茶树密植、速生、丰产、优质栽培示范样板。1977年在潞西县（今芒市）勐戛三角岩建立了全州最早的8亩密植丰产栽培示范园。之后，茶叶密植丰产优质示范园相继建立。主要有潞西（今芒市）城郊回贤一队、田头、东山乡弄丘、江东道坡；陇川王子树小牛寨下寨、石碑老寨、郭家寨、坡坎二队、椎栗林，护国乡上寨；盈江县油松岭茅草坪队；梁河大厂上中山三队、上大厂三队等15个示范样板茶园，这些样板茶园至1983年投产时，实现了州委1979年在陇川县王子树召开的全州山区工作会议上提出的“人均半亩茶，人均收入50元”以上的茶叶基地建设目标，起到了很好的示范带动作用。在示范样板成功的基础上，从1980年开始全州掀起密植速生丰产优质茶园种植高潮，建立了50、100、200、1000亩连片高标准茶园395块，茶叶生产再一次得到了快速的发展。至1990年全州茶园面积162611亩，总产量3333.5吨，茶叶产值2733.5万元，茶叶种植成为当时发展农村经济和脱贫致富的一条重要门路。

20世纪90年代后，茶叶生产进入了调整规模、注重效益、巩固发展的时期。1993年开始，茶园面积逐年减少，这是德宏和平解放以来全州茶园面积第二次减少，减少的原因是受1988年以来茶叶市场下滑的影响。2005年后，根据国内外茶叶市场的形势，提出了稳步发展新植茶园，优化区域布局，积极发展无公害高优茶园的目标。目前，德宏州有50多个乡镇都种茶，涉茶农户达9.5万户，涉茶人口达35万余人，现已成为云南省茶叶主产区和种质资源地之一。

胶：1904年盈江第23任土司从马来西亚引种三叶橡胶，故盈江不但是中国橡胶种植最早的地区，还是世界橡胶种植纬度最高的地方，所移植的橡胶树所在地新城乡凤凰山的纬度是：N24°46′49.82″。1997年，农业部在老树旁立了一块石碑：中国橡胶第一树！1952年盈江成立特种林工作站，从此，德宏各地随着农垦事业的发展并不断增加橡胶种植面积，橡胶产业成为云南省德宏州的传统产业。在20个世纪六七十年代，德宏州就利用得天独厚的亚热带气候自然资源优势发展橡胶种植。从1956年共青团云南省委号召组织青年垦荒队到1966年开始的知识青年上山下乡，德宏州农垦系统和地方先后多批次安排和吸纳了20多万北京、上海、成都、昆明知青插队落户，其中好大一部分成为新一代胶工，参与开发建设边疆，为国家缓解城市知识青年就业做出了不小的贡献。经过半个多世纪的发展，目前全州天然橡胶面积发展到25万多亩，干胶产量接近1万吨，年产值约3亿元，橡胶产业成为推动当地经济发展、农民致富的支柱产业之一。

另外，咖啡也是德宏最具特色的一个优势产业，本土民营企业德宏后谷咖啡有限公司成了全国最大的咖啡种植、加工、销售龙头企业，所创品牌“后谷”咖啡蜚声海内外。德宏荣获“中国咖啡之乡”称号，中国咖啡工程研究中心由此落户德宏。

（二）早期沿边开放与德宏边境贸易区

德宏自古以来就是祖国对外贸易的西南重要通道。云南和平解放后，1951年德宏州畹町成立对外贸易公司，经营进出口业务，1953年又增设了瑞丽进出口小组，并建立了几个对外商号，从事小额贸易，进口商品的品种与数量，都只限于满足德宏各民族的生产生活必需，并且不许运到内地销售。尽管如此，但随着生产的发展，对这些必需品的需要也越来越大，于是，1957年建立自治州外贸局，专门经营和管理对外贸易，开始允许开放边民互市。1962年，政府决定把外贸工作重点转移到国家外贸物资收购方面。1965年，各县相继建立了外贸局，并在盈江的旧城、昔马、铜壁关和陇川的章凤建立了外贸站。自此德宏州的外贸事业逐渐走上了新的轨道，也开启了沿边开放的雏形，为后来全国经济建设重心转移后的沿边开放探索了初期模式。

1978 年，党的十一届三中全会以来，德宏州各级党委坚持党的基本路线不动摇，把党的工作重心真正转移到了经济建设上来。大力开展调查研究，不断深化对州情的认识，明确在经济建设中，德宏具有三个优势和两大劣势。三个优势即热区资源优势、山区资源优势和边境陆地口岸优势。坚持从实际出发，把党和国家的大政方针，省委、省人民政府的指示与德宏的具体情况紧密结合，制定了“抓住机遇，强化优势，贸易导向，双向发展，增强实力，参与竞争”的经济发展战略和“以贸易为先导，农业为基础，工业为依托，依靠教育和科技进步，扩大对内对外开放，贸工农全面发展”的具体指导方针。根据这一战略方针，全州组织了 3 次经济大激活。一是在农村实行家庭联产承包责任制，进行产业调整，把党和国家提出的“绝不放松粮食生产，积极发展多种经营”的方针与德宏热区优势资源的开发相结合，制定了“保持粮食稳定增产，大力发展甘蔗、茶叶、橡胶为主的经济作物，多种经营，全面发展”

"围绕农业办工业"的生产方针，指导农村产业结构和工农业生产结构的调整。全州粮食连续13年增产丰收，以甘蔗、茶叶、橡胶为骨干的经济作物大发展。二是1985年初，根据党和国家实行对外开放的总方针和省委、省政府关于发展边境贸易的指示，发挥德宏陆地边境口岸优势，抓住机遇，提出贸易导向战略，把全州开放为边境贸易区，成为全国率先实行沿边开放的地区之一。三是1992年7月，以邓小平同志南方谈话为指导，以国务院批准畹町、瑞丽两个边境城市对外开放为契机，做出了进一步扩大开放的决定，从德宏的实际出发，明确将全州分为5个层次形成扩大对外开放的总体布局。决定：①姐告经济贸易试验区，要以市场经济为导向，以保税区为模式，全面开放，大胆试验，努力扩展对外开放的范围，提高对外开放的层次。②畹町、瑞丽两个对外开放城市，要充分发挥区位优势、资源优势和政策优势，办好边境经济合作区，办成第三产业发达的内陆口岸，大力发展出口加工，创汇农业和旅游业。广泛开展跨国、跨地区的经济技术合作。要以市场为导向，依照国际通行惯例运作，与国际市场对接。③德宏边境贸易区，继续执行现行的边贸政策，顺势向边境民族经济区发展。继续发挥边境贸易的导向作用和联动功能，利用国内外原料，面向国内外市场实行贸工、贸农、贸技结合，通贸兴边，有“中国边贸看云南，云南边贸看德宏”之美誉。边境贸易区执行统一的政策，保证全州口岸畅通，扩大边贸发展。④山区资源开放开发区，以更加优惠的政策引进内外资和先进技术，开发山区资源，发展农业、林业、牧业、矿产业，实行种、养、加工相结合，贸工农并举，发展山区经济，改变山区面貌。

（三）国家级口岸建设与经济合作区开发

党的十六大的召开，标志着中国特色社会主义建设迈入了一个新的发展时期。德宏州委四届四次全会顺应全州各族人民的意愿，提出了与全省全国同步建设全面小康社会的奋斗目标，在州委四届六次、八次全会又明确了德宏全面建设小康社社会的“外贸兴州、旅游活州、工业富州、农业强州”的发展思路，提出了实施“科教兴州、大通道、绿色品牌、建设美好家园”的发展战略和落实“深化改革、扩大开放、加强基础、调整结构、建设支柱、打造品牌、优化环境、营造氛围、培育市场、造就人才”的具体措施，要求做到“一年一个新气象，三年大变样，十年跃上新台阶”，极大地鼓舞和坚定了各族人民的信心和决心。各级党委和政府坚持“情为民所系、利为民所谋”，开始了建设大通道、连接东南亚的伟大征程。

当时从区位优势看，德宏州位于三大经济区结合部和三大市场的交融地，是我国与东南亚、南亚合作中独具优势的大西南重要门户。从西南方向开放，从昆明出发乘车沿 320 国道西行，一天内即可到达中缅边境，且地理、气候条件优越，边境口岸，对外通道能“全天候”利用，尤其从德宏出境，向南不到 1000 千米就可直达印度洋的安达曼海。从对外开放角度看，我们以往主要面向欧、美、日等发达国家。但目前我国以沿海为主的亚太战略、欧洲战略受到挑战，特别是“马六甲困局”的警示，均提示我国 21 世纪的亚太战略、欧洲战略应走以海洋和陆地相结合的路子。德宏处于我国陆上通道参与全球化的区域合作的门户部位，具有非常重要的区位优势和战略地位。

德宏历史上就是古代南方丝绸之路的重要商贸通道，德宏的三县两市一区中，除一个县外，其他两县两市一区均与缅甸接壤，国境线长 503.8 千米，其地理位置十分显要，是连接三大经济区、南向印度洋战略的结合部和经济大走廊。州委在全面建设小康社会的发展战略中提出实施大通道建设，对于加快德宏的经济社会发展有着重要的现实意义和深远的历史意义。近年来，德宏州先后规划和完成以下重点工程：

一是水路、公路、铁路三头并进大通道建设工程。主要有：

①滇缅陆水联运通道建设。滇缅水陆联运通道从昆明经大理、保山、瑞丽至缅甸八莫港，再沿伊洛瓦底江南下经曼德勒港至仰光港。这一条通道包括高等级公路、口岸枢纽、中转站、水路和出海港，全长 2192 千米。其中昆明至八莫陆路 910 千米，八莫港至仰光水路 1280 千米。当时，这条通道昆明至瑞丽陆路已有等级公路，瑞丽至八莫有便道可以通车。八莫至仰光水路分段分别已有 500 吨级和 800 吨级船舶和轮船通航。通道在中国境内已有较好的陆上运输基础，缅甸境内

水路也有较好的通航条件和理想的港口建港基础。该通道的开辟既可促进滇缅经贸合作，又可为大西南提供由瑞丽经伊洛瓦底江直达印度洋的出海通道。从昆明经伊洛瓦底江陆水联运通道的仰光港口，到南亚、西亚、非洲和欧洲各国，比从昆明至我国沿海港口绕马六甲海峡至上述地区的里程可缩短 3000 千米左右。

②昆明—仰光高等级公路建设。从昆明至仰光的滇缅公路全长 1800 千米，是中国大西南与东南亚和南亚发展经贸关系的又一重要通道之一。当时，这条公路中国段从昆明至瑞丽长 747 千米。是 320 国道干线上的瑞丽末端，除保山至德宏 200 余千米尚属二级路面外其余段基本实现了高等级化。缅甸段从仰光到曼德勒也已是高等级公路，但从曼德勒—腊戍——木姐段需要改建，滇缅公路是二战时期我国获取国际援助的重要通道，战后又是加强中缅两国传统友谊，开展经贸活动的重要运输线。

③泛亚铁路西线建设。泛亚铁路西线走向为昆明—大理—保山—瑞丽—缅甸腊戍—曼德勒—仰光—毛淡棉—耶城—傣国南多—帕依—曼谷—

马来西亚吉隆坡—新加坡。泛亚铁路西线东起我国长江口上海港，西经缅甸伊洛瓦底江三角洲东侧的仰光港后，穿越泰国、马来西亚，最后抵新加坡。该线国内段大多已建成铁路网，需要新建的路区线少。国内线有泸杭、浙赣、湘黔、成昆和昆大铁路，共3000千米，国际段缅甸境内有仰光—曼德勒—密支那1166千米。国内段只需新建大理至瑞丽的552千米，国际段只需修瑞丽至腊戍195千米，共新修747千米，就可从昆明直达仰光，然后从缅甸耶城与泰国的班塔纳区段连接，之后再与马来西亚铁路接轨，最后直达终点站新加坡。由此可见，泛亚铁路西线建设是投资少、见效快的工程项目。些外，泛亚铁路西线由缅甸曼德勒向西可达印度，经局部完善后可延伸到伊朗、土耳其、希腊，穿越欧洲腹地抵达鹿特丹港，形成新的第三座亚欧大陆桥。泛亚铁路西线建设的意义，将改变我国从中东和非洲进口的原油必经马六甲海峡运输的风险，泛亚铁路西线的建设将形成与地缘经济关系紧密的国际区域经济大动脉，形成中国进入印度洋的最近通道和与西亚和欧洲的经济交往更便捷的交通运输线，构成沟通中国、东南亚、南亚三大市场及亚欧大陆的交通运输网络。经比较，由昆明至瑞丽出境，后经曼德勒至仰光的陆路运程 2415 千米，比昆明经广州绕马六甲海峡至仰光的运程 7066 千米缩短 4651 千米；从昆明经缅甸、泰国至新加坡的运程为 5500 多千米，比经广州、湛江出境至新加坡缩短运距 3000 多千米；由上海经昆明、大理、瑞丽至仰光的大陆桥总长度为 4840 千米，比绕马六甲海峡至仰光的大陆桥缩短运程 3000 千米。

二是改善德宏公路，促进大通道建设。几年来德宏的公路建设发生了翻天覆地的变化：境内修通了龙陵至瑞丽 100 多千米的二级公路；修通了芒市至盈江 148 千米的三级公路，修通了盈江至章凤近 100 千米的三级公路；修通了章凤至瑞丽 50 多千米的一级公路；修通了盈江至那邦口岸近 100 千米的三级公路；芒允至洪崩河 60 千米的砂石公路，目前正在修建还有平章公路。全州实现了县、市、乡、镇坝区公路柏油化，县乡公路弹石化，村村通公路的目标。公路建设的发展促进了全州经济社会的全面发展。同时几条通往缅甸口岸公路的修通，为中国从德宏进入东南亚、南亚及亚欧大陆的大通道打下了坚实基础。

三是把德宏建成连接“三亚”（南亚、东南亚、西亚）及亚欧各国的桥梁和纽带。德宏是我国大西南的重要门户，不仅是连接三大经济区的交汇地，也是连接云南与缅甸国际大通道、南向印度洋的经济走廊和关键枢纽环节，所处的地位在中缅两国关系、两国经贸合作中发挥着不可替代的桥梁和纽带作用。要维护中缅两国的传统友谊健康发展，首先巩固好、发挥好德宏这条桥梁和纽带非常重要。我国政府非常重视德宏在中缅关系的桥梁和纽带作用，重视充分发挥德宏特殊的地缘关系和人文背景，增进两国边民的友好往来，巩固两国的世代友好关系。从 20 世纪 50 年代中缅两国总理亲临德宏州府芒市主持举办两国边民联欢大会以来，特别是自改革开放以来，每年都有党和国家领导人及中央有关部门领导深入德宏视察指导工作。因此，德宏应以更高的战略眼光，进一步重视和发挥德宏的桥梁纽带作用，加强同缅甸的互利友好合作；全面提升德宏战略地位，大力支持和重视加快德宏的发展是帮助缅甸边境地区繁荣发展，加快连接两国国际大通道建设的关键所在，也是用和平崛起的战略和理念加以影响缅甸、带动缅甸发展，树立和平合作共谋发展的关键所在。总之，德宏通过争取国家与省的支持启动了连接两国的国际大通道，以此全面推进我国与东南亚、南亚国际的区域合作。提升德宏的综合发展能力，对内、对外的吸引力及影响力。经过前期与这一时期瑞丽和畹町国家级口岸建设与县域经济合作区开发，德宏已建设成全国口岸经济合作区开发最为密集的地区之一，在德宏州内各县设立经济技术开发区，综合运用若干政策，大胆试验，一块一块地开发，一片一片地发展，先后建成畹町边境经济合作区（1992年）、瑞丽市姐告边境贸易经济区（1992年）、瑞丽市边境经济合作区（1995年）、弄岛经济开发区（1995年）。全州拥有2个国家级一类口岸，3个国家二类口岸和具有各种贸易功能的经济合作区、开发区、技术合作区，为后期的开发开放奠定了基础。

（四）融入国家向西南开放战略

2009年7月，胡锦涛总书记视察云南时，从完善中国对外开放总体战略格局的高度，提出

“使云南成为我国向西南开放重要桥头堡”的重大决策部署。2011 年 5 月，《国务院关于支持云南省加快建设面向西南开放重要桥头堡的意见》正式出台。云南省将建设成为我国向西南开放的重要门户、我国沿边开放的试验区和西部地区实施“走出去”战略的先行区、西部地区重要外向型特色优势产业基地、我国重要的生物多样性宝库和西南生态安全屏障、我国民族团结进步、边疆繁荣稳定的示范区。在云南省桥头堡建设的总体布局中，德宏的目标定位是：构建通向印度洋国际大通道的重要枢纽，建设瑞丽国家重点开发开放试验区，培育生物特色产业基地、进出口加工基地、国际物流仓储基地，打造金融服务平台、信息服务平台、文化交流平台，使德宏成为通往南亚东南亚的经济窗口、文化窗口、友谊窗口，加快建成我国面向西南开放重要桥头堡黄金口岸。德宏州的思路、眼光、办法和做法都为桥头堡建设奠定了坚实的基础，受到国家发改委、商务部等有关部门及专家学者一致好评。全国政协委员、中国西部发展促进会理事长程路研究员说，德宏州具有良好的创业环境，在建设面向西南开放桥头堡中，黄金口岸优势凸显。历届州委、州政府高度重视招商引资工作，全州上下政通人和，人心思进，边疆和谐安宁，人民安居乐业，社会和谐安宁。近年来，德宏州先后出台了《关于进一步加强招商引资工作的决定》《关于在全州开展优化经济社会发展软环境建设的实施意见》《德宏州人民政府鼓励投资办法（试行）》等一系列鼓励招商引资的政策和法规；在措施保障上切实加强招商引资工作的领导，成立了“德宏州招商引资工作领导小组”，优化投资服务，实行项目督办制度，切实为外来投资企业解决实际困难和问题；实施了州级领导和县市（区）领导挂钩重大项目制度；完善了州县两级政务服务中心建设，实行“一条龙服务、一站式审批”。力争把德宏建设成为成本最低、效率最高、回报最快、信誉最好的投资宝地。

2010 年 6 月，《中共中央、国务院关于深入实施西部大开发战略的若干意见》中提出：“积极建设广西东兴、云南瑞丽、内蒙古满洲里等重点开发开放区试验区。”2012 年 7 月，《瑞丽重点开发开放区试验区实施方案》获得国务院批准，试验区规划总体共涉及238个项目，估算投资7687亿元，重点建设边境经济合作区、国际物流仓储区、国际商贸旅游服务区、进出口加工区、特色农业示范区和生态屏障区6个功能区，要求将云南瑞丽建设成为中缅边境经济中心、西南开放重要国际陆港、国际文化交流窗口、沿边统筹城乡发展示范区和睦邻安邻富邻示范区。至此，德宏又迎来了前所未有的发展机遇期，德宏的发展首次融入国家重大发展战略。德宏将瑞丽作为我国向西南开放桥头堡的重要“黄金口岸”加以建设，提出瑞丽是“桥头堡的桥头堡”“开放前沿的前沿”，并主动将2013年李克强总理访问南亚国家时倡议的“孟中印缅经济走廊建设”和习近平总书记倡导的“一带一路”愿景结合起来，加快先行先试步伐。

目前瑞丽国家重点开发开放区级试验建设按照“一核两翼”的空间布局和“辐射周边、联动发展、政策项目覆盖全州”的思路，规划重大项目238项，总投资7686.5亿元。突出规划引领，全面启动专项规划编制，先后启动了试验区《土地利用总体规划》《环境保护规划》《产业发展规划》《口岸发展规划》《旅游文化产业发展规划》《城乡建设发展规划》等6个专项规划编制工作，以及按照瑞丽、畹町、姐告一体化发展要求，完成了瑞丽城市总体规划修编工作等。

加强中缅合作。畅通对话渠道，增进与缅甸各界的了解和互信；寻找项目突破，中缅跨境合作全面推进；积极主动做好中缅陆水联运大通道前期工作。德宏州与缅甸商务部建立了定期会晤机制，双方就共同关心的问题达成多项共识，组建了驻缅甸内比都、曼德勒、密支那和腊戍商务代表处。瑞丽市与缅甸木姐市结为友好城市，积极推动中缅现代农业合作、畹町芒满—木姐暖应通道对开，以及中缅陆水联运大通道的前期工作。积极争取恢复边境旅游、商务考察及外出务工异地办证业务，与缅甸签署了边境旅游合作协议，就旅游景区景点、接待服务及安全保障等方面建立了合作机制。

加大招商引资，加强产业园区建设。中储集团、北汽、重庆银翔摩托车集团、中国华力控股有限公司、中国钢海集团有限公司、香港雅居乐集团等一批大企业集团相继入驻试验区。2012年瑞丽签订招商引资项目21项，协议投资金额81亿元。今年上半年，瑞丽市签订招商引资项目34项，协议总投资86.9亿元，实际到位资金29.7亿元。

狠抓基础建设，突破交通瓶颈。着力加强试验区公路、铁路、航空、水运等综合交通运输体系建设，能源、水利、市政等基础设施进一步推进。龙瑞高速公路全面开工建设，到今年7月累计完成投资25亿元并已通车；腾陇、芒梁公路和畹町芒满至缅甸木姐105码公路建成通车。大力推进大瑞铁路保山至瑞丽段前期工作，现已开展征地拆迁工作。芒市机场按照4C标准完成扩建工程，中国民航局批准筹建瑞丽航空有限公司。

推动金融先行，破解资金困局。在金融支持方面，瑞丽试验区建设得到了国家的积极支持，财政部每年安排瑞丽试验区边境地区转移支付资金1亿元；人民银行总行、国家外汇管理局批准德宏州开展本外币兑换及人民币与缅币兑换业务试点；瑞丽、芒市、陇川列为国家低丘缓坡土地综合开发利用试点等。省委、省政府出台了《加快推进瑞丽重点开发开放试验区建设若干政策》

及一系列倾斜优惠政策，赋予瑞丽试验区部分省、州级经济社会管理权限，决定从 2011 年至 2020 年每年给予试验区 1 亿元综合财力补助，同时给予其他财税政策支持。

加快口岸建设，对外贸易快速提升。积极争取开通畹町口岸芒满货运通道口岸临时开放，其临时开放时间为 2014 年 9 月 15 日至 12 月 15 日；创新边境和口岸管理，在全省率先开展边境管理体制改革试点，大力推动金关、金税工程和信息化建设，实现了通关手续全程电子化；建成章凤口岸出口监管仓库，保税仓库。2013 年 1—7 月，瑞丽口岸进出口货运量 127.9 万吨，进出口总额 15.95 亿美元，进出口货运车辆 4.2 万辆次，出入境人员 735.5 万人次。这些数据更加确立了瑞丽口岸是我国南向开放最大国际陆港的地位。

据国家发改委 2014 年 8 月份批复的《规划》，瑞丽试验区建设的主要任务有 7 项：即：创新体制机制，提升开发开放水平；加强中外合作，构建中缅经济贸易中心；加强基础设施建设，构建沿边重要国际陆港；培育特色优势产业，形成沿边经济增长极；加快城乡一体化建设，构建沿边统筹城乡发展示范区；大力发展社会事业，促进基本公共服务均等化；建设生态屏障，增强可持续发展能力。德宏州出台了一系列改革和优惠政策抓紧贯彻落实，目前试验工作稳步推进，怀着“一带一路”美好愿景，跻身“孟中印缅经济走廊建设”的先行先试，勇当排头兵，共同谱写“中国梦”云南篇章美丽德宏新篇章。

参考文献

[1] 德宏傣族景颇族自治州人民政府. 德宏大观 [M]. 上海：上海文艺出版社，1993.

[2] 云南省人民政府办公室及地名办公室，云南省社会科学院民族学研究所. 中国地名词典 [M]. 上海：上海辞书出版社，1990-04.

[3]《云南百科全书》编纂委员. 云南百科全书 [M]. 北京：中国大百科全书出版社，1999-09.

[4] 方国瑜. 云南民族史讲义 [M]. 昆明：云南人民出版社，2013.

[5] 马曜. 云南简史 增订本 [M]. 昆明：云南人民出版社，1991-12.

[6] 德宏州人民政府编. 德宏州民族与地名志 [M]. 芒市：德宏民族出版社，1998.

[7] 德宏傣族景颇族自治州州志编纂委员会.

德宏州志·综合卷[M]. 芒市：德宏民族出版社，1994.

[8] 潞西县人民政府县志编纂委员会. 潞西县志[M]. 昆明：云南教育出版社，1993.

[9] 畹町市人民政府县志编纂委员会. 畹町市志[M]. 昆明：云南民族出版社，1995.

[10] 瑞丽县人民政府县志编纂委员会. 瑞丽县志[M]. 成都：四川辞书出版社，1996.

[11] 陇川县人民政府县志编纂委员会. 陇川县志[M]. 昆明：云南民族出版社，2005.

[12] 盈江县人民政府县志编纂委员会. 盈江县志[M]. 昆明：云南民族出版社，1997.

[13] 梁河县人民政府县志编纂委员会. 梁河县志[M]. 昆明：云南人民出版社，1993.

[14] 德宏州社会科学届联合会主办. 德宏社会科学. 芒市：德新出准印证第0001468号，2017（3）.

[15] 李茂琳. 抗日战争时期云南地下党在滇西的活动[N]. 德宏团结报. 2005，07纪念抗战胜利60周年专版.

[16] 王伯麟，林念兰. 九保古镇[M]. 芒

市：德宏民族出版社，1997.

［17］中共德宏州委宣传部. 有一个美丽的地方——德宏［M］. 芒市：德宏民族出版社，2013-07.

［18］当代云南傣族简史编辑委员会. 当代傣族简史［M］. 昆明：云南人民出版社，2012.

［19］当代云南景颇族简史编辑委员会，当代景颇族简史［M］. 昆明：云南人民出版社，2012.

［20］当代云南阿昌族简史编辑委员会，当代阿昌族简史［M］. 昆明：云南人民出版社，2012.

［21］当代云南德昂族简史编辑委员会，李茂琳，董晓梅主编. 当代德昂族简史［M］. 昆明：云南人民出版社，2012.

［22］当代云南傈僳族简史编辑委员会. 当代傈僳族简史［M］. 昆明：云南人民出版社，2012.

［23］江应樑. 傣族史［M］. 成都：四川民族出版社，1983.

［24］尤中著. 中国西南边疆迁史［M］. 昆明：云南教育出版社，1987，07.

[25] 杨永生整理. 景颇族阿昌族社会历史调查文集 [M]. 芒市: 德宏民族出版社, 2007-06.

[26] 瑞丽市史志办公室. 乘象国揭秘 [M]. 芒市: 德宏民族出版社, 2012-10.

[27] 谷兴龙著, 德宏州傣学学会. 金齿与百夷 [Z]. 德宏建盈彩印有限公司承印, 2015.

[28] 张彭健著. 往事回眸 [Z]. 德新出准印证第0000813号, 2012-12.

[29] 云南省民族学会傣学研究委员会. 首届刀安仁革命思想学术研讨会论文集 [M]. 2010-08.

[30] 德宏州交通局. 德宏州交通志 [M]. 昆明: 云南民族出版社, 1999-11.

[31] 德宏州史志办公室. 德宏年鉴二〇〇二年 [M]. 芒市: 德宏民族出版社, 2002.

[32] 德宏州史志办公室. 德宏年鉴二〇一四年 [M]. 芒市: 德宏民族出版社, 2014-12.

[33] 黄光成. 跨境民族文化的异同与互动——以中国和缅甸的德昂族为例 [EB/OL], 百度百科: http://www.sky.yn.gov.cn/ztzl/yq30zn/zgwj/mzwxs/012487665574497 15958.

[34] 德宏傣族景颇族自治州州情概况 [EB/OL], 百度百科: http: //www. dh. gov. cn/Web/Detail. aspx? id=12479.

[35] 中共德宏州委宣传部. 南侨机工在德宏 [M]. 昆明: 云南人民出版社, 2015-08.

[36] 斯诺与德宏 [EB/OL], 百度百科: http://www. cnepaper. com/dhtjb/html/2012-09/30/content_ 4_ 5. htm.

后 记

《德宏史话》是《云南史话》系列丛书中的一个分册。这项工作下达给德宏州社会科学界联合会（以下简称德宏州社科联）后，德宏州社科联于2016年7月15日和德宏师专李茂琳同志约稿，因该书涉及德宏内容覆盖全州，李茂琳老师为圆满完成该项目任务，先到德宏州史志办公室等对地情资料掌握较全面的单位了解相关情况。在收集完整资料的情况下又约请德宏州史志办公室董晓梅同志共同参与此项工作。于是两人于8月初决定承编《云南史话·德宏史话（分册）》，并向省社科联填报了项目申请书。

2016年8月14日，接德宏州社科联杨五青主席电话通知：项目已获准立项，上报的撰写提纲也同时获准通过。时值学校放暑假，从8月15日开始，李茂琳老师利用假期最后时间，夜以继日的边整理资料，边逐章逐节，逐字逐句的进行了艰苦的撰稿。书稿经过近两个多月紧张工作，于9月22日完成全部初稿。之后，初稿交由董晓梅同志校对，她对书稿的修改提出调整意见后，李茂琳老师又进行了增补和删节，同时核校了有关史实内容，然后，送德宏州社科联组织专家初审，是月28日通过初审，按专家意见再次进行修订后，完成送省验收稿，于2016年底送交出版社。

作者李茂琳老师因曾从事过史志工作多年，熟习德宏地情和历史典故，《德宏史话》从撰写和初审都很顺利，得到审验人员的肯定。当然，因德宏地处滇疆，世居民族古代历史及族源等方面，学界存在不同观点和看法，可谓观点纷显，由于编著者认识方面的局限，可能会有一定的主观倾向性，但在把握基本史实观的前提下，诸多引证听取多数人意见，同时也征得当地各民族有识人士的同意，这正是完成《德宏史话》一书的最基本条件。更是我们大胆撰写的根本所在。

另外，由于德宏特殊的地理区位，本书除按初报的编目进行撰稿外，因考虑到近代以来经过并暂居德宏的国内国际人物中有不少名人，发生过不少的历史事件，特别是改革开放后的近 40 年间，大量国家领导人和名人名流到德宏视察和参观的人物数目可观，因此，书中也作了条目式的撰录。

本书的编辑出版有幸得到德宏州社科联、州委统战部、德宏州民宗局、德宏州史志办和州直各民族学会和发展进步学会的大力帮助和支持，得到德宏州社科联杨五青主席和刘晓瑾主任、何国廷、王邦玲等同志的协助，他们为本书的编写付出不少辛劳，还得到云南省社会科学界联合会业务把关和云南人民出版及陈亚等编辑人员的鼎力帮助。在此，一并表示衷心的感谢！